西安外国语大学学术著作出版专项资助

旅游倡议

内涵、效用与影响机制

杨军辉 ◎ 著

中国财经出版传媒集团
经济科学出版社
Economic Science Press
·北京·

图书在版编目（CIP）数据

旅游倡议：内涵、效用与影响机制／杨军辉著．
北京：经济科学出版社，2025.7. -- ISBN 978 - 7 - 5218 - 7205 - 7

Ⅰ.F592.3
中国国家版本馆 CIP 数据核字第 20256W587B 号

责任编辑：纪小小
责任校对：蒋子明
责任印制：范　艳

旅游倡议：内涵、效用与影响机制
杨军辉　著

经济科学出版社出版、发行　新华书店经销
社址：北京市海淀区阜成路甲 28 号　邮编：100142
总编部电话：010 - 88191217　发行部电话：010 - 88191522
网址：www.esp.com.cn
电子邮箱：esp@esp.com.cn
天猫网店：经济科学出版社旗舰店
网址：http://jjkxcbs.tmall.com
北京季蜂印刷有限公司印装
710×1000　16 开　13.25 印张　215000 字
2025 年 7 月第 1 版　2025 年 7 月第 1 次印刷
ISBN 978 - 7 - 5218 - 7205 - 7　定价：60.00 元
(图书出现印装问题，本社负责调换。电话：010 - 88191545)
(版权所有　侵权必究　打击盗版　举报热线：010 - 88191661
QQ：2242791300　营销中心电话：010 - 88191537
电子邮箱：dbts@esp.com.cn)

前　言

　　党的十九大报告明确指出，中国特色社会主义进入新时代，我国社会主要矛盾已转化为人民日益增长的美好生活需要和不平衡不充分的发展之间的矛盾。旅游活动作为人类社会的基本需要之一，是人类实现自我精神解放的重要途径，因此旅游业成为满足人民美好生活需要的"五大幸福产业"之首。然而，大众旅游时代游客低门槛、大规模、高频次的旅游活动，也相应引发诸多旅游问题，危及游客的旅游综合体验质量和旅游地的高质量可持续发展。面对与利益主体高度相关的旅游问题，现行法律规范却存在"举证难、执法难"困境，迫切需要通过教育引导和道德约束，提升利益主体的文化素养、改变相关主体的行为规范，从而实现与利益主体相关旅游问题的根源性治理。在此背景下，旅游倡议所具有的客体广泛性、内容约束性、实施引导性、价值深远性、响应非经济性等特征，则使其成为根治与利益主体相关旅游问题的最优柔性管理方法。

　　本书研究正是在大众旅游时代文旅产业高质量发展需求与行业发展实践背景下，选择旅游倡议这一柔性旅游管理方法为研究对象，基于倡议客体与受益群体对文明旅游倡议、让景于客倡议、诚信经营倡议等典型旅游倡议的感知调研数据，综合运用理论建构与实证检验、定性分析与定量研究相融合的研究方法，从利益相关者视角探究旅游倡议的内涵与逻辑、效用评价与影响机制、实施路径优化等科学问题，最终形成如下主要研究结论。

　　（1）旅游倡议是旅游管理部门面向旅游利益相关者公开发布的规范性

行为建议。本书研究分析认为，旅游倡议是旅游业管理部门或相关组织为保护旅游地资源与环境、保障游客旅游综合体验质量、确保旅游地文旅产业高质量可持续发展，在法律规范、运营管理、设施服务等现有条件下，面对暂时无法有效解决的危及旅游发展的具体问题，向旅游景区管理者、旅游从业者、游客、本地居民等利益相关者群体公开发布的规范性行为建议。旅游倡议本质是"以人为中心"的柔性旅游管理方法，具有倡议主体权威性、倡议客体广泛性、倡议问题典型性、倡议内容约束性、倡议价值深远性、倡议实施引导性、倡议效用利他性、倡议发布与响应的非经济性等诸多特征。

（2）旅游倡议是大众旅游时代根治与利益主体相关旅游问题的最优柔性管理方法。本书研究分析表明，大众旅游时代，游客的低门槛、大规模、高频次旅游活动诱发诸多旅游问题，而此类与利益主体相关旅游问题所具有的发生瞬时性与空间不确定性等特征，致使现行旅游管理存在"举证难、执法难"困境。因而，与利益主体相关且难以规治的旅游问题所引发的游客旅游体验质量下降、文旅产业的高质量可持续发展面临挑战等，是旅游倡议的生成背景。而旅游倡议所具有的柔性、内生式、根源性解决旅游问题的价值，则促使其成为旅游管理中的最优选择。在旅游倡议运行机制中，利益主体相关旅游问题、旅游业发展目标分别是旅游倡议的出发点与终点，倡议主客体围绕倡议内容与传播媒介的有机互动是旅游倡议目标高效实现的关键，而倡议主体的责任心和倡议客体的文化素养、道德品质则是倡议实施的核心影响因素。在旅游倡议传播过程中，主要通过等级扩散、传染扩散、迁移扩散与刺激扩散等方式，在不同区域、不同群体间进行传播。

（3）旅游倡议兼具内容效用与营销效用，且营销效用一般大于内容效用。本书研究基于典型旅游倡议的案例研究表明，旅游倡议兼具内容效用与营销效用。其中，旅游倡议的内容效用一般由倡议客体的认同、响应行为而产生，旅游倡议的营销效用则多由倡议受益群体所产生，主要表现为受益群体在知晓旅游倡议之后对旅游地所产生的心理距离缩小和旅游意愿增强，如倡议客体与受益群体为同一群体时，旅游倡议可同时形成内容效用与营销效用。另基于三个典型旅游倡议的效用维度比较结果表明，旅游倡议的营销效用一般大于其内容效用。

（4）倡议客体的收益感知、权益剥夺感知与内在品性等显著影响旅游倡议的内容效用。本书研究显示，游客作为文明旅游倡议客体，其素养与责任、权益剥夺感知、旅游需求等正向显著影响文明旅游倡议的效用；作为"让景于客"倡议客体的本地居民，其收益感知、个体品性正向显著影响让景于客倡议的效用，而权益剥夺感知则负向显著影响"让景于客"倡议的效用；作为诚信经营倡议客体的旅游从业者，其对诚信经营的价值认知、规范惩处、收益感知等正向显著影响诚信经营倡议的效用。综合三个典型旅游倡议效用的影响机制分析表明，倡议客体的收益感知、权益剥夺感知和内在品性等是旅游倡议内容效用的核心影响因素。

（5）受益群体的倡议内容感知和倡议客体感知显著影响旅游倡议的营销效用。"让景于客"与诚信经营倡议效用的影响机制研究显示，作为受益群体的游客，其对倡议内容所产生的心理反应、心理距离、实施效应感知，对倡议客体的倡议配合度、利益剥夺和好感等方面感知，以及游客人口学特征中的来源地区等均对旅游倡议的营销效用产生正向显著影响；旅游行业诚信经营倡议效用的影响机制研究显示，游客作为诚信经营倡议的受益群体，其对诚信经营倡议的心理距离、效果感知等显著影响旅游倡议的营销效用。综合"让景于客"与诚信经营倡议的营销效用形成机制研究表明，受益群体的倡议内容感知、倡议客体感知与人口学特征显著影响旅游倡议的营销效用。

（6）效用最大化导向下旅游倡议应综合实施全周期闭环路径、信息双向反馈路径、惩戒与补偿路径、主—介联动全方位传播路径。本书研究认为，旅游倡议实施中综合实施全周期闭环路径、信息双向反馈路径、惩戒与补偿路径、主—介联动全方位传播路径，方可实现旅游倡议效用的最大化。其中，全周期闭环路径是旅游倡议实施的基础路径，具体包括倡议发布前的倡议主体、倡议主题、内容表达与媒介选择，倡议发布中的倡议客体与受益群体的媒介偏好、内容和效用感知、参与行为，以及倡议发布后的倡议效用评价等要素。信息双向反馈路径，即倡议主体在向倡议客体与受益群体传播倡议内容的同时反馈实施效用信息，以激励倡议客体的参与热情与成就感。倡议主体接受倡议客体与受益群体的倡议实施感知信息以修正倡议实施，并强化倡议客体的主体感与责任感。惩戒与补偿机制是对倡议客体的规范与激励路径。即针对倡议客体违反法律、法规、道德底线的行为进行惩戒以威慑、规范其行为，针对倡议客体利益剥夺进行补偿以激励其参与的主动性、持续性。主—介联动全方位传播路径，即倡议主体与旅游地（景区）、已接受旅游倡议的客体与受益群体等传播介体联动，充分发挥传播介体的传播、示范、监督价值，营造沉浸式旅游传播环境，实现旅游倡议在旅游场域、生活场域等空间的二次传播。

上述研究结论，既是对旅游倡议理论的基础性探索，也是对旅游倡议实施的效用评价、影响机制、路径优化的系统性科学阐释，可进一步丰富旅游管理研究理论体系，促进旅游倡议转向科学管理范式，并为旅游倡议开展中的主题选择、实施流程优化、问题诊断等提供理论依据。同时，本书研究也可拓展倡议主体对旅游倡议的价值认知维度与评价视角，实现工作绩效量化、增强旅游倡议开展的信心与主动性，并指导倡议主体优化旅游倡议的工作方法与流程，节约人力、物力、资金等高效开展旅游倡议实践，进而推进旅游资源与环境保护、优化旅游体验环境、提升游客综合体验质量，最终实现旅游业高质量可持续发展。

目 录
CONTENTS

第一章　绪论 …………………………………………………… 1
　　一、研究背景 ………………………………………………… 1
　　二、研究目的与意义 ………………………………………… 5
　　三、研究框架与思路 ………………………………………… 7
　　四、创新之处 ………………………………………………… 12

第二章　理论基础与文献综述 ………………………………… 13
　　一、理论基础 ………………………………………………… 13
　　二、研究文献综述 …………………………………………… 18

第三章　旅游倡议的内涵与生成逻辑 ………………………… 38
　　一、旅游倡议内涵 …………………………………………… 39
　　二、旅游倡议的生成逻辑与运行传播机制 ………………… 43

第四章　面向游客的文明旅游倡议效用与影响机制研究 …… 52
　　一、文明旅游倡议概述 ……………………………………… 53
　　二、文明旅游研究文献综述 ………………………………… 55
　　三、研究思路与数据来源 …………………………………… 58
　　四、文明旅游倡议的效用分析 ……………………………… 61

五、文明旅游倡议效用的影响机制研究 ……………………… 64
　　六、本章研究结论与建议 …………………………………… 74

第五章　面向居民的"让景于客"倡议效用与影响机制研究 …… 77
　　一、"让景于客"倡议概述 …………………………………… 77
　　二、研究思路与数据来源 …………………………………… 79
　　三、居民视角下"让景于客"倡议的效用与影响机制分析 …… 85
　　四、游客视角下"让景于客"倡议的效用与影响机制分析 …… 96
　　五、本章研究结论与建议 …………………………………… 104

第六章　面向旅游从业者的诚信经营倡议效用与影响机制研究 …… 109
　　一、旅游行业诚信经营倡议概述 …………………………… 111
　　二、旅游行业诚信经营研究文献综述 ……………………… 113
　　三、研究思路与数据来源 …………………………………… 115
　　四、旅游行业诚信经营倡议的效用分析 …………………… 120
　　五、旅游从业者视角下诚信经营倡议效用的影响机制分析 …… 123
　　六、本章研究结论与建议 …………………………………… 135

第七章　效用最大化导向下旅游倡议实施路径优化 …………… 139
　　一、效用最大化导向下旅游倡议的提升策略 ……………… 139
　　二、效用最大化导向下旅游倡议实施的多维路径 ………… 144

第八章　研究结论与展望 ………………………………………… 149
　　一、研究结论 ………………………………………………… 149
　　二、研究展望 ………………………………………………… 152

参考文献 ………………………………………………………… 155

附录1　中国公民国内旅游文明行为公约 …………………… 178

附录 2　中国公民出境旅游文明行为指南 …………………………… 180
附录 3　旅游不文明行为记录管理暂行办法 ………………………… 181
附录 4　本地居民"让景于客"倡议调查问卷 ……………………… 185
附录 5　游客文明、让景、诚信旅游倡议调查问卷 ………………… 189
附录 6　旅游从业者诚信经营倡议调查问卷 ………………………… 196

第一章

绪　　论

一、研究背景

（一）旅游是人民美好生活的重要载体

始于20世纪70年代末的中国改革开放全面激活了中国的发展潜力，中国经济也相应获得空前发展（见图1-1），并于2010年超越日本成为世

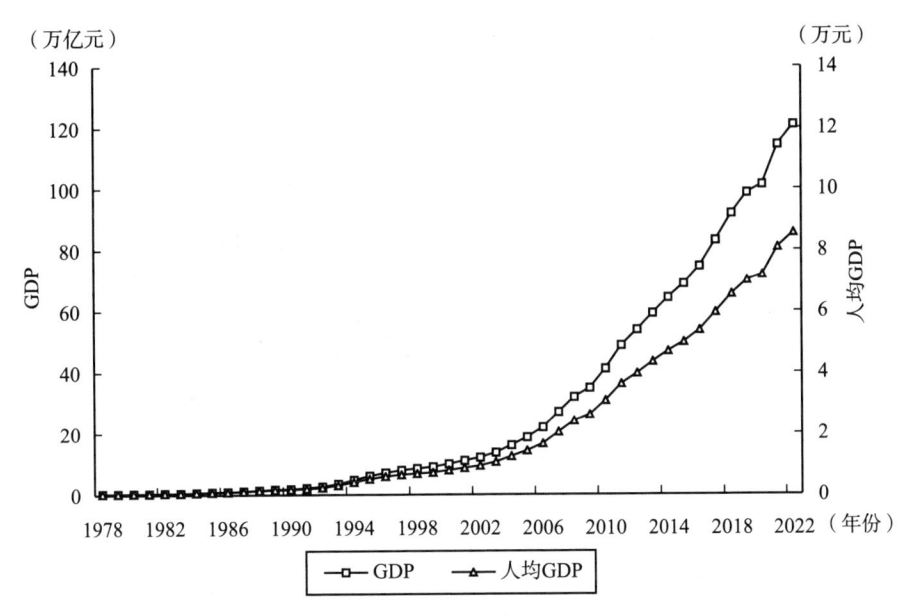

图1-1　中国经济发展统计（1978~2022年）

资料来源：国家统计局. 中国统计年鉴（2023年）[M]. 中国统计出版社，2024.

界第二大旅游经济体。伴随中国特色社会主义步入新时代，中国社会的主要矛盾已经转化为人民日益增长的美好生活需要和不平衡不充分的发展之间的矛盾。[①] 自此，满足人民日益增长的美好生活需要成为党和国家各项工作的出发点与落脚点。

人民美好生活需要涵盖政治、经济、社会、环境、精神等诸多方面，但绝大多数需要均属于精神文化层次。旅游业作为国民经济发展的新兴战略性支柱产业，不仅可以促进区域经济的快速发展，同时以精神愉悦为本质的旅游活动又全面满足了游客的"爱和归属、尊重以及自我实现"等诸多高层次需要。因而，旅游是人类社会的基本需要之一，是人类实现自我精神解放的重要途径。旅游业则是满足人民美好生活需要的一个"幸福产业"，且位列"五大幸福产业"[②] 之首。即使受到新冠疫情的影响，2020～2022 年中国国内旅游人次仍高达 25.3 亿～32.46 亿人次（见图 1-2），旅游依然是满足人民美好生活需要的重要载体。

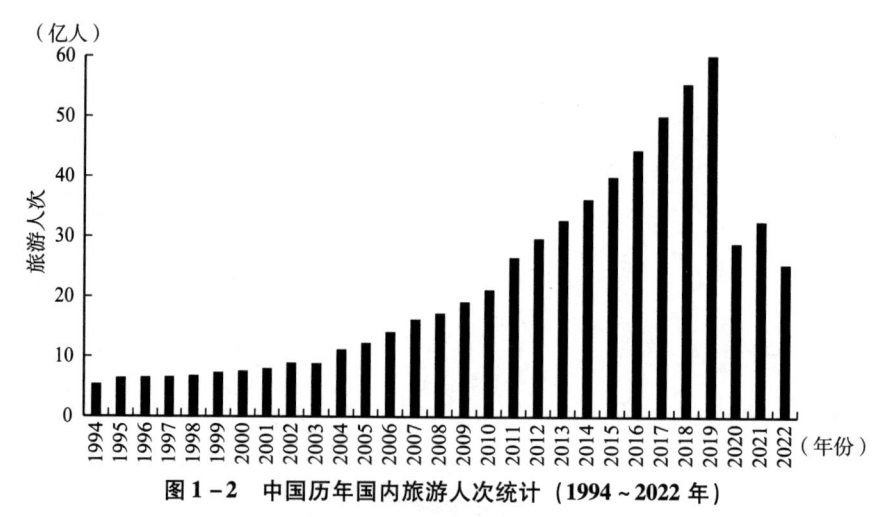

图 1-2　中国历年国内旅游人次统计（1994～2022 年）

资料来源：国家统计局. 中国统计年鉴（2023 年）[M]. 中国统计出版社，2024.

---

① 习近平：决胜全面建成小康社会 夺取新时代中国特色社会主义伟大胜利——在中国共产党第十九次全国代表大会上的报告 [EB/OL]. 新华社，2017-10-27，https://www.gov.cn/zhuanti/2017-10/27/content_5234876.htm.

② 五大幸福产业是指旅游、体育、养老、健康、文化产业。

(二) 大众旅游时代各类旅游问题日渐增多

1979年7月15日，邓小平同志"黄山谈话"拉开了中国旅游业的发展帷幕。历经四十余年发展，中国旅游市场已由早期单一的入境旅游转向国内旅游、出境旅游、入境旅游全面发展。2013年，中国出境旅游人次高达0.98亿人次，首次跃居世界第一位[①]；2014年，中国出境旅游支出896.4亿美元，位居世界第一，至此中国成为国际旅游最大客源国[②]；2016年，李克强总理在《政府工作报告》中明确指出"迎接正在兴起的大众旅游时代"，标志着中国已步入大众旅游发展阶段；2017年，中国国内旅游人次与旅游消费均超越美国，中国成为世界上最大的国内旅游市场（见图1-2）。在新冠疫情全面暴发之前的2019年，中国人均旅游频次高达4.3次。[③] 2021年12月，由国务院印发、实施的《"十四五"旅游业发展规划》判断，我国将进入大众旅游全面发展的新阶段。

以大规模、低消费为特征的大众旅游，满足了中国人民美好生活的需要。然而，大众旅游时代游客的低门槛、大规模、高频次旅游活动，也致使各类旅游问题不断涌现。例如，中国小孩在埃及金字塔上刻写"丁×昊到此一游"，中国游客在泰国普吉岛潜水时抓海洋生物拍照，游客在八达岭长城城墙上刻字，游客攀爬吴起县胜利山景区红军雕塑，多名游客跨越围栏进入圆明园大水法遗址内部，游客向大熊猫吐水、拍打大熊猫兽舍玻璃，游客乱扔垃圾、随意插队，导游辱骂游客、强迫购物，景区超载、宰客等。这些旅游问题不仅对其他游客的综合体验质量产生较大影响，同时也对旅游地的资源、环境、设施等造成极大甚至不可逆转的破坏。虽然各类旅游问题的发生数量相比旅游人次占比极少，但旅

[①] 中国2013年出境游人数和旅游消费居全球第一 [EB/OL]. 人民网，2014-10-15，http://culture.people.com.cn/n/2014/1015/c172318-25839167.html.

[②] 我国出境旅游人数稳居世界第一位 [EB/OL]. 新华社，2018-10-03，https://www.gov.cn/xinwen/2018-10/03/content_5327719.htm.

[③] 国家统计局. 中华人民共和国2019年国民经济和社会发展统计公报 [EB/OL]. 2020-02-28，https://www.stats.gov.cn/sj/zxfb/202302/t20230203_1900640.html.

游问题数量仍较之前呈现大幅增长态势。且在自媒体高度发展的今天，各类旅游问题极易被广泛传播并产生极大的社会影响。因而，迫切需要旅游相关部门、旅游企业、行业组织、经营者、游客等多元主体共同努力以有效规避旅游问题，从而保障游客综合体验质量、促进旅游业与旅游地高质量可持续发展，使旅游业真正成为承载人民美好生活需要的幸福产业。

（三）旅游倡议是大众旅游时代诸多旅游问题的柔性、根源性解决路径

针对大众旅游发展中出现的各类问题，中央、地方文旅主管部门积极出台系列法律、规范予以整治。例如，2006年8月，中央精神文明建设指导委员会办公室（简称"中央文明办"）与国家旅游局联合实施《提升中国公民旅游文明素质行动计划》，以推进游客文明素养提升。2013年，全国人大常委会颁布施行《中华人民共和国旅游法》（简称《旅游法》），其中明确规定"旅游者有文明旅游的义务、旅游经营者有诚信经营责任"。2015年，国家旅游局相继发布中华人民共和国旅游行业标准《导游领队引导文明旅游规范》（LB/T 039—2015）、《国家旅游局关于游客不文明行为记录管理暂行办法》、《旅游经营服务不良信息管理办法（试行）》等，从旅游经营者与游客两个层面对旅游问题展开科学管理。2016年，北京市旅游发展委员会与首都精神文明建设委员会办公室联合出台《北京市旅游不文明行为记录管理暂行办法》，以加大对不文明游客和不文明旅游从业人员的约束和惩戒力度。

各项法律、规范的出台与不断完善，对于各类旅游问题的治理提供了法制依据。但由于目前旅游市场中出现的各类与利益主体相关的旅游问题，多数属于道德层面和社会行为领域问题，且游客流动性强、各类旅游问题的产生存在瞬时性特征等，单纯依靠法规治理既不符合消费者道德与社会行为的养成规律，也不符合游客旅游活动特征，致使各类与利益主体相关旅游问题治理效果欠佳。因而，与利益主体相关的旅游问题治理必须在法律规范基础上,通过全面教育引导和道德约束以提升相关利益主体的文化素养与行为规范,方是解决当前旅游问题的根本路径。基于上述认知,国家、地方相关管理部门甚至旅游企业也围绕具体旅游问题,在特殊时段面向相关利益主体发布各类旅游倡议以提升倡议客体的道德认知与行为规范。例如,2004年国庆期间,杭州市旅游局面向本地居民发布"让路于客、让景于客"倡议,以缓解城市旅游客流高峰压力;2006年,中央文明办与国家旅游局联合发布《中国公民出境旅游行为指南》和《中国公民国内旅游行为公约》,以倡议游客文明旅游。由此可以看出,旅游倡议是旅游管理体系的重要组成,并以柔性、长效的管理特征从根本上改变游客、旅游经营者等利益主体的内在认知与行为规范,是根治诸多与利益主体相关旅游问题的最优举措。

二、研究目的与意义

(一)研究目的

本书研究是在大众旅游时代文旅产业高质量发展需求与行业实践背景下,以旅游倡议这一旅游管理实践重要应用为研究对象,结合典型旅游倡议,从利益相关者视角探究旅游倡议的内涵与逻辑、效用评价与影响机制、实施路径优化等科学问题,其研究目的在于:

(1)明确旅游倡议的概念、本质、特征、分类等基本内涵,阐明旅游倡议的生成逻辑与运行传播机制,初步构建旅游倡议基础理论。

(2)揭示旅游倡议的效用维度,拓展相关主体对于旅游倡议价值的认知与评价维度。科学评价文明旅游、让景于客、诚信经营等当前典型旅游倡议的内容效用与营销效用,明确当前主要旅游倡议的实施效果。

(3)明确倡议客体与受益群体视角下旅游倡议效用的影响因素,并阐明各影响因素对旅游倡议效用的作用关系与影响程度,在洞悉旅游倡议效用的影响机制理论基础上,科学诊断旅游倡议实施中所遇问题的内在原因。

（4）探究旅游倡议效用的提升策略，构建效用最大化导向下旅游倡议的多维实施路径，指导倡议主体科学、高效地开展旅游倡议，实现与利益主体相关旅游问题的根源性治理。

（二）研究意义

1. 理论意义

旅游倡议作为旅游管理体系中重要的柔性管理方法，是大众旅游时代内生式根治与利益主体相关旅游问题的最优管理方法。本书研究在既有研究对旅游倡议关注不足背景下，初步构建旅游倡议研究的基础理论，并基于利益相关者视角揭示旅游倡议的效用维度、阐明旅游倡议效用的影响机制、构建旅游倡议的多维实施路径，是对旅游倡议主题的创新性、系统性研究。相关研究结论既是对旅游倡议理论的基础性探索，也是对旅游倡议实施的效用评价、影响机制、路径优化的系统性科学阐释，可进一步丰富旅游管理研究理论体系，促进旅游倡议由经验管理转向科学管理范式。同时，本书研究可为旅游倡议的后续研究以及其他行业倡议相关研究提供重要参考。

2. 实践意义

旅游倡议虽是解决与利益主体相关旅游问题的最优管理方法，但目前却应用较少。究其根源在于相关基础研究的缺失或不足，致使旅游管理者对旅游倡议的价值、效用认知不到位，且不知如何科学、高效地开展旅游倡议。因而，本书研究关注旅游倡议的内涵与逻辑、效用评价与影响机制、实施路径优化等，其实践意义即在于拓展管理者对旅游倡议的价值与效用认知，促进、保障旅游倡议的高效实施与运行，更好地服务于旅游管理实践。

本书研究构建旅游倡议的基础理论、阐明旅游倡议效用的影响因素与作用机制，可为旅游倡议开展中的主题选择、实施流程优化、问题诊断、路径选择等提供理论依据；通过旅游倡议的效用维度与评价研究，不仅可拓展倡议主体对旅游倡议价值的认知维度与评价视角，同时也可完善旅游倡议的实施环节，量化旅游倡议的工作绩效、增强倡议开展的信心与工作主动性；通过效用最大化导向下旅游倡议的实施路径优化研究，可简化倡议主体的实践探索，指导倡议主体优化工作方法与流程，节约人力、物力、资金等高效开展旅游倡议实践，进而推进旅游资源与环境保护、优化旅游体验环境、提升游客综合体验质量，最终实现旅游业高质量可持续发展。

三、研究框架与思路

（一）研究内容

基于文旅行业高质量发展需求与既有旅游倡议研究现状，确立本书研究内容如下。

1. 旅游倡议的内涵与生成逻辑研究

旅游倡议的内涵与生成逻辑是旅游倡议研究与实践的基础性理论。本书研究在倡议内涵分析的基础上，从概念、本质、特征、分类等维度剖析旅游倡议的理论内涵，从生成逻辑、运行机制、传播机制三个维度剖析旅游倡议的生成与运行逻辑，为后续旅游倡议的深度、系统性研究构建基础理论体系。

2. 旅游倡议的效用维度与评价研究

旅游倡议作为旅游管理体系的重要组成，其核心价值体现于旅游倡议的实施效用。本书研究基于利益相关者理论，从游客、本地居民、旅游从业者三个旅游业核心利益主体视角，逐一剖析文明旅游倡议、"让景于客"倡议、诚信经营倡议等典型旅游倡议的效用维度（即内容效用与营销效用），并科学评价上述旅游倡议的实施效用，以期阐明旅游倡议的价值维度并明确当前典型旅游倡议的实际效用，拓展倡议主体对旅游倡议的价值认知及效用评价维度。

3. 旅游倡议效用的影响机制研究

旅游倡议的有效开展需明确倡议效用的影响因素与作用机制。本书研究依据利益相关者理论等，在文献分析初步构建旅游倡议影响因素体系的基础上，结合倡议客体与受益群体的感知调研数据，通过对文明旅游倡议、"让景于客"倡议、诚信经营倡议等典型旅游倡议的效用与其影响因素之间假设关系检验，明确旅游倡议效用的具体影响因素、作用关系与影响程度，以揭示旅游倡议效用的影响机制并指导旅游倡议效用有效提升。

4. 效用最大化导向下旅游倡议实施路径优化研究

基于"5W"传播理论、价值共创理论与旅游倡议的内涵、逻辑、效用影响机制等研究结论，从倡议主体、倡议主题、倡议内容、传播媒介、信息反馈、实施监管等方面探究旅游倡议效用的提升策略，并在提升策略基础上构建旅游倡议的全周期闭环路径、信息双向反馈路径、惩戒与补偿路径、主—介联动全方位传播路径等实施路径，以期全面释放旅游倡议价值、实现旅游倡议效用最大化。

（二）研究方法

基于研究内容与目标需要，本书研究采用理论与实证、定性与定量相融合的研究方法。

1. 理论构建与实证检验融合研究

本书研究基于利益相关者理论、"5W"传播理论、认知—情感—意动理论等，选择面向游客的文明旅游倡议、面向本地居民的"让景于客"倡议、面向旅游从业者的诚信经营倡议为典型案例，通过文献分析法、系统分析法、实地调研法、统计分析法等理论构建与实证检验相融合的研究方法，探究旅游倡议的内涵与生成逻辑，科学评价旅游倡议效用并剖析效用的影响机制。

2. 定性与定量融合研究

本书研究基于典型旅游倡议案例的利益相关者感知问卷调查数据，运用统计分析法与理论分析法剖析旅游倡议的价值维度并科学评价倡议的多维效用；融合运用文献分析法、文本分析法、相关分析法、因果分析法等，探究旅游倡议效用的影响因素与作用机制；融合运用系统分析法、头脑风暴法与专家评价法等，构建效用最大化导向下旅游倡议的多维实施路径。

（三）研究技术路线

本书研究在研究文献与行业发展实践分析基础上，遵从"理论建构—效用评价—机制剖析—路径优化"层层递进逻辑主线，通过理论建构与实证研究相结合的方式，从利益相关者视角开展旅游倡议研究。

第一步，明确研究内容与基础理论。本书研究通过对旅游倡议的发布实施现状和国内外倡议相关研究进展分析，明确研究内容，包括旅游倡议的内涵与逻辑、旅游倡议的效用评价与影响机制、旅游倡议的实施路径优化。依据研究内容需求，通过国内外相关理论分析确定本书研究所需基础理论，指导旅游倡议研究系统、深入、有效开展。

第二步，旅游倡议的内涵与逻辑研究。基于既有研究鲜有关注旅游倡议的研究事实，迫切需要构建旅游倡议基础理论以夯实后续研究基础。本书研究在文献分析与行业实践分析基础上，运用系统分析法从概念界定、本质、特征、分类等方面探究旅游倡议的基本内涵，依据利益相关者理论、文化扩散理论等，并运用归纳分析法剖析旅游倡议的生成逻辑、运行机制与传播机制。

第三步，旅游倡议的效用评价研究。基于利益相关者理论，选择以游客、本地居民、旅游从业者等旅游行业核心利益主体为倡议对象的旅游倡议为具体研究案例，涉及面向游客的文明旅游倡议、面向居民的"让景于客"倡议、面向旅游从业者的诚信经营倡议。通过典型旅游倡议效用的理论分析，划分旅游倡议效用为内容效用与营销效用两大价值维度。基于倡议客体与受益群体感知的问卷调查数据，运用统计分析法客观评价既有典型旅游倡议的内容效用与营销效用，以揭示既有旅游倡议的实际效用，并为后续旅游倡议效用的影响机制研究做好铺垫。

第四步，旅游倡议效用的影响机制研究。基于旅游倡议效用研究所确立的文明旅游倡议、"让景于客"倡议、诚信经营倡议等研究案例，从倡议客体与受益群体两个利益主体维度，通过相关研究文献分析初步确立旅游倡议效用的影响因素，并构建各影响因素与旅游倡议效用的作用关系结构，即旅游倡议效用的结构关系假设模型。结合倡议客体与受益群体感知的问卷调查数据，运用相关分析法、因果分析法分别验证文明旅游倡议、"让景于客"倡议、诚信经营倡议三个旅游倡议效用的假设结构关系模型，以确定旅游倡议效用的最终影响因素，以及各影响因素与倡议效用的作用关系、影响程度。

第五步，效用最大化导向下旅游倡议的实施路径优化研究。基于旅游倡议效用最大化导向，依据"5W"传播理论、价值共创理论等，运用系统分析法、头脑风暴法、专家评价法等，从倡议主体、倡议主题、倡议内容、传播媒介、信息反馈、实施监管等方面，探究旅游倡议效用的提升策略。基于效用提升策略，构建旅游倡议的全周期闭环路径、信息双向反馈路径、惩戒与补偿路径、主—介联动全方位传播路径，并依据旅游倡议运行机制对优化路径进行系统化表达。

第六步，研究结论与展望。基于上述旅游倡议的内涵与逻辑、效用评价与影响机制、实施路径优化等方面的研究结论，总结归纳并系统分析、提升形成本书研究最终结论。通过对本书研究的不足之处进行梳理，并结合旅游倡议理论研究体系与行业实践需求，阐明今后旅游倡议的相关研究方向。本书研究可视化研究思路如图1-3所示。

第一章 绪 论

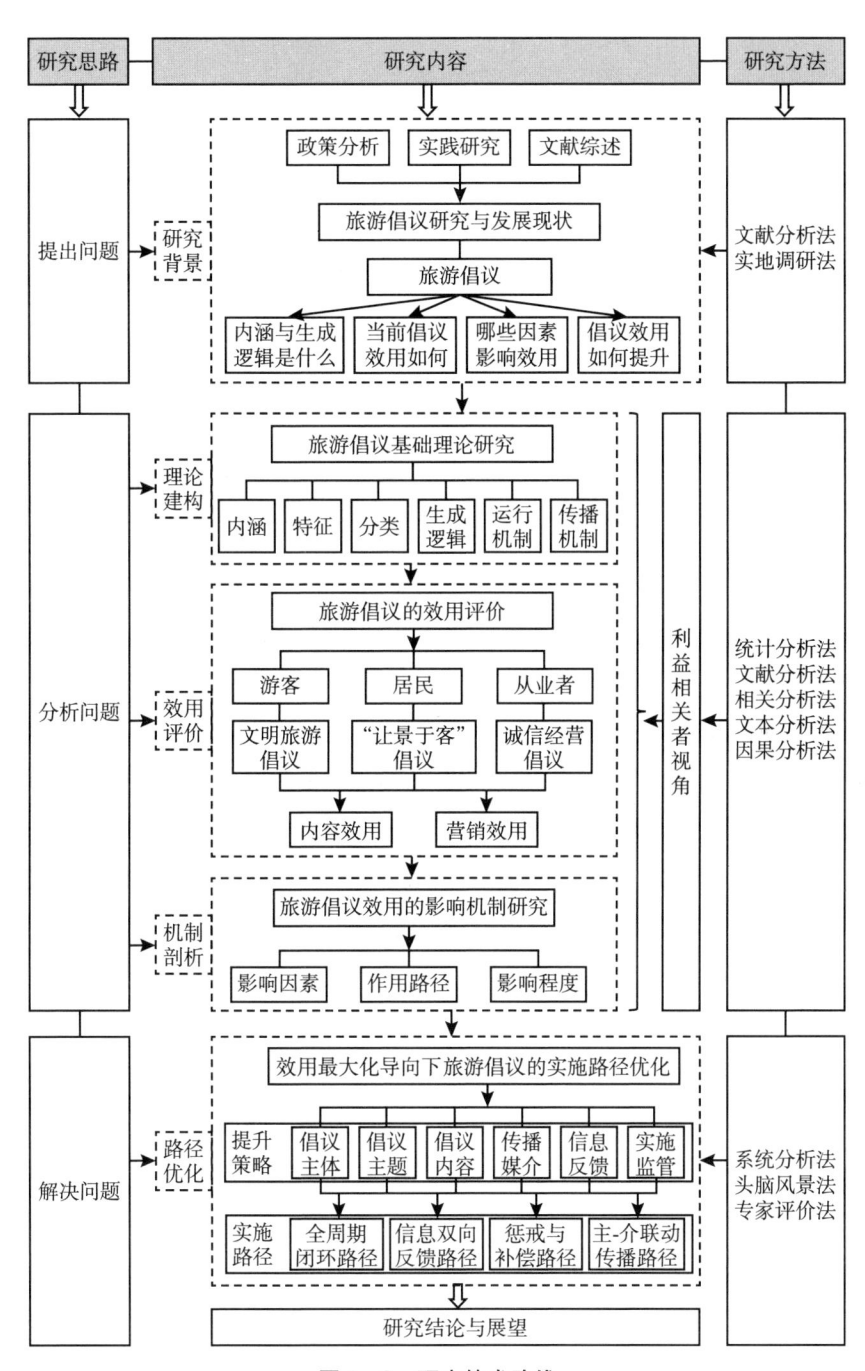

图 1-3 研究技术路线

四、创新之处

（一）研究主题创新

本书研究是在国内外既有研究鲜有关注旅游倡议的基础理论与效用评价背景下，选择旅游倡议的内涵与生成运行逻辑、旅游倡议效用的评价与影响机制、旅游倡议的高效实施路径等为研究主题，是对既有研究主题的创新拓展，体现研究主题创新。

（二）研究思路创新

旅游倡议是旅游管理中的重要实践应用，但本书研究在旅游管理研究范式之上，融入传播学、心理学等学科相关理论，创新开展旅游倡议的理论与实践研究；而在具体研究方法运用中，本书研究也突破既有旅游倡议研究"重定性、少实证"的研究局限，通过定性分析与定量研究融合、理论建构与实证检验融合的研究方法，系统阐释旅游倡议的基础理论，科学探究旅游倡议的效用与影响机制；同时，突出研究思路的闭环性，即本书研究始于旅游倡议实践，经过旅游倡议的基础理论构建、效用评价与影响机制、实施路径优化等研究内容的层层递进，最终高质回归旅游倡议实践。

（三）研究价值创新

本书研究构建旅游倡议的基础理论、揭示旅游倡议效用的影响机制，既可夯实并拓展旅游倡议的基础理论，又可指导旅游倡议实践中的问题诊断；阐明旅游倡议的效用维度与评价视角，在丰富旅游倡议理论研究基础之上，还可拓展倡议主体对旅游倡议的价值认知，指导倡议主体科学开展旅游倡议的实施效果评价，推进旅游倡议转向科学管理范式。而效用最大化导向下旅游倡议的多维实施路径研究，则可直接指导倡议主体科学、高效地实施与运行旅游倡议。因而，本书研究兼具理论创新与实践应用创新价值。

第二章

理论基础与文献综述

在明确旅游倡议研究背景、价值、研究内容与思路基础上，本章对旅游倡议研究的理论基础及相关研究文献进行系统分析，以期明确本书研究的理论依据及既有研究现状，为后续旅游倡议内涵、效用、机制、路径研究构建科学理论体系。

一、理论基础

（一）利益相关者理论

利益相关者理论（stakeholder theory）始于20世纪60年代欧美国家的公司治理转变。1963年，美国斯坦福大学研究院首次提出利益相关者概念，认为影响企业发展的人或团体均是利益相关者，突破了传统企业治理中股东至上主义认知（贾生华、陈宏辉，2002）。1984年，美国经济学家弗里曼对利益相关者范畴进行了拓展，认为"那些能够影响企业目标实现，或者能够被企业实现目标的过程影响的任何个人和群体都是利益相关者"（弗里曼，2006）。弗里曼关于利益相关者的观点与当时西方兴起的企业社会责任观点不谋而合，得到许多经济学家的赞同，并逐步发展成为比较成熟的理论框架。利益相关者理论演化大致经历了"影响企业生存""参与战略管理""共同治理企业"三个阶段（王身余，2008）。

20世纪80年代,利益相关者理论被引入旅游研究领域以探究旅游业可持续发展(李正欢、郑向敏,2006)。学者研究认为,构建利益相关者之间的利益均衡机制是生态旅游可持续发展的关键(刘静艳,2006)。受旅游业综合性、高关联性特征影响,旅游业相关利益主体多元,既包括传统的股东、债权人、供应商、员工、管理人员、政府、社区,也包括景区、游客、旅游地居民、旅游博主、旅游新媒体等群体(刘亚斐、李辉,2023)。

基于本书涉及的旅游倡议效用研究主题,本书主要关注与旅游倡议具有高度相关性的利益主体,即游客、居民、旅游经营者等旅游倡议的客体或受益群体,而对于旅游景区、政府相关部门、旅游行业组织等旅游倡议主体本书研究暂不关注。其中,基于游客视角探究文明旅游倡议的效用与影响因素,基于本地居民与游客视角探究"让景于客"倡议的效用与影响因素,基于旅游经营者与游客视角探究旅游行业诚信经营倡议的效用与影响因素,并基于上述视角下旅游倡议的效用与影响因素研究结论,对旅游景区、政府相关部门、旅游行业组织等提出旅游倡议的有效开展策略。

(二)"5W"传播理论

"5W"传播理论由美国政治学家哈罗德·拉斯韦尔(Harold Lasswell)于1948年提出,其在《社会传播的结构与功能》(*The Structure and Function of Communication in Society*)一文中提出传播过程及五种基本构成要素(见图2-1),即传播者(Who)、传播内容(says What)、传播媒介(in Which channel)、受传者(to Whom)和传播效果(with Which effect)。"5W"传播理论奠定了传播学研究的五大基本内容,即"控制分析""内容分析""媒介分析""受众分析""效果分析"(熊澄宇,2003)。

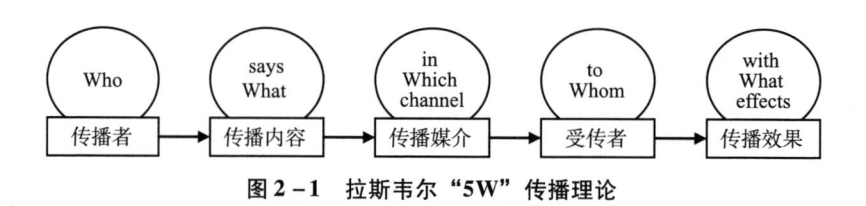

图2-1 拉斯韦尔"5W"传播理论

本书研究所关注的旅游倡议，是倡议主体出于解决与利益主体相关旅游问题的动机，而通过传播媒介向倡议客体发布的行为规范建议，其本质是信息的传播。因而，本书研究拟基于"5W"传播理论，探究倡议客体（即受传者）视角下倡议主体（即传播者）所发布的旅游倡议（即传媒内容）的倡议效用（即传播效果）及影响因素，并围绕倡议内容、发布媒介（即传播媒介）、倡议主体、倡议客体感知等探究旅游倡议效用的提升路径。

（三）认知—情感—意动理论

认知—情感—意动理论（Cognition, Affection and Conation Theory, CAC）是认知心理学重要理论之一，由美国心理学家希尔加德（Hilgard）于1980年提出。希尔加德（1980）将人类的心理过程划分为认知、情感、意动三个阶段，即人类"心灵三部曲"。其中，认知是人类大脑对外部信息的接收、处理过程，情感是认知信息基础上所产生的主观情感，而意动则是人在认知、情感基础上出现的行为倾向或行为意愿。个体因外界信息刺激而产生的认知、情感、意动共同构成其对信息的态度，进而表现出某种具体行为反应（侯玉波，2007；张昆、任怡林，2020）。

本书研究中倡议主体发布旅游倡议，倡议客体以及受益群体则会对倡议内容产生"认知—情感—意动"心理变化过程，最终将表现为对旅游倡议的态度和行为意向。因而，本书研究拟基于认知—情感—意动理论，剖析利益相关者视角下的旅游倡议效用（态度与行为），探究旅游倡议效用的影响因素、作用关系与影响程度等，以期揭示旅游倡议的效用及其影响机制。

（四）价值共创理论

价值共创理论源自核心竞争力理论，最早由美国学者诺尔曼和拉米雷斯（Normann and Ramriez，1993）提出，后由普哈拉和瓦戈（Prahalad and

Vargo）分别基于"消费者体验"和"服务主导"两个逻辑深化而成，即形成价值共创理论两大分支：基于"消费者体验逻辑"的价值共创和"服务主导逻辑"的价值共创。普哈拉和拉马斯瓦米（Prahalad and Ramaswamy，2004）认为，价值共创是企业和消费者在互动中共同创造消费体验的过程，企业通过沟通、体验、风险预估和透明化等与消费者共享资源、共创价值；瓦戈和卢施（Vargo and Lusch，2004）认为，顾客是企业的"兼职员工"，顾客分享自身知识、技能和经验，与企业形成合作关系进而成为价值的共创者。前者关注价值共创各方的价值实现，后者强调价值共创系统的价值实现（王琳等，2023）。

本书研究中倡议主体与倡议客体通过"文明旅游"倡议、"让景于客"倡议、"诚信经营"倡议，进行旅游地（景区）与利益相关者之间的互动。因而，本书研究基于价值共创理论，探究旅游地（景区）与利益相关者之间的高效互动路径，进而实现旅游地资源与环境保护、旅游地体验环境优化等共创价值，以期增强旅游地吸引力、提升游客满意度、促进旅游业高质量可持续发展。

（五）文化扩散理论

人是文化的主要载体，没有特定人群承载的文化是没有生命的文化。因而，文化传播是一种文化特质或一个文化综合体从一群人传至另一群人的过程。其中，文化在不同代际人群中的传播为文化传承，而文化在不同地区人群中的传播为文化扩散（周尚意等，2009）。

赫克托认为，社会变迁理论中的扩散理论主要包括文化扩散理论和社会结构扩散理论（Hechter M，1975）。特里·乔丹在《文化地理学》（*The Human Mosaic*）中确立文化区、文化扩散、文化生态学、文化整合与文化景观等人文地理学五大研究主题。其中，文化扩散是研究文化的时间与空间相结合的过程（Jordan，1990）。哈格斯特朗依据文化扩散的空间与时间连续性，将文化扩散细分为迁移扩散与扩展扩散两大类，扩展扩散又可分为传染扩散、等级扩散和刺激扩散三种类型。其中，迁移扩散是指作为文化载体的人将文化从一地带到另一地的过程，在空间上呈现不连续性特点；扩展扩散是指文化现象以人为载体，向四周不断传递逐步扩大文化影响范围的过程，扩散过程呈现出空间连续性和扩散速度差异特点；传染扩散，又称为接触扩散，是指文化现象从该文化初始载体传播到其他准备接受这种文化现象人群的空间过程，扩散速度非常快；等级扩散，是指文化现象按照某种等级顺序，从高到低或由低到高的扩散过程；刺激扩散，是指文化现象在扩散过程中，接受者抛弃文化的外在形式，而接受文化思想实质的文化扩散过程（赵荣等，2009；周尚意等，2009）。

本书研究对象——旅游倡议，是倡议主体为规范、引导倡议客体的行为和理念而创作的行为规范建议，其本身也是一种文化事项。因而，旅游倡议传播也是一种文化传播与扩散的过程。本书研究基于文化扩散理论，剖析旅游倡议在倡议主体、倡议客体以及受益者等相关群体之间，以及相关群体在不同区域之间的扩散类型、扩散路径等，以期揭示旅游倡议的传播机制。

（六）可持续旅游理论

1962年，《寂静的春天》（*Silent Spring*）一书的出版引发人们对工业化进程中诸多经济、社会、环境等问题的根源性思考。1987年，世界环境与发展委员会在《我们共同的未来》（*Our Common Future*）报告中，提出"既满足当代人的需要，又不损害后代人满足需要的能力"的可持续发展（sustainable development）理念（WCED，1987），获得国际社会的广泛认同。1990年，在加拿大温哥华召开的全球可持续发展大会旅游分会上，旅游可持续发展概念被正式提出。旅游可持续发展，即实现旅游业发展与自然、环境、社会、经济的和谐统一，强调为当代人和后代人提供同样满足旅游需求的机会（杨军辉，2016）。

本书研究关注旅游倡议的效用、影响机制与提升路径，表层目的是提升旅游倡议这一柔性旅游管理方法的效用，根源性解决当前大众旅游阶段出现的诸多旅游问题，但其终极目标却是促进并实现旅游地（景区）的可持续发展。因而，本书研究坚持以旅游可持续发展理论为基础，着力关注当前旅游倡议效用的影响因素、作用关系与影响程度，并以旅游可持续发展为导向探究旅游倡议效用的提升路径。

二、研究文献综述

（一）数据来源与研究方法

1. 数据来源

本部分国内外研究文献综述所需数据，源于2024年1月6日中国知网（CNKI）的"期刊"与"博硕士学位论文"数据库、Web of Science（WOS）数据库检索，文献时间跨度不限。其中，国内研究文献检索分别以"倡议"和"旅游倡议"为关键词，共检索"核心期刊、CSSCI、CSSCD"来源期刊论文3758篇，博硕士学位论文2611篇；国外研究文献数据分别以"initiative"（倡议）及"tourism & initiative"（旅游和倡议）为关键词，共获取有效研究文献59857篇。国内外研究文献统计结果如表2-1和表2-2所示。

表2-1　　　　国内外"倡议"相关研究文献统计　　　　单位：篇

类别		1998年	2003年	2004年	2005年	2006年	2007年	2008年	2009年	2010年	2011年	2012年
国内文献	核心期刊论文	1	1	11	3	4	3	5	5	3	4	7
	博硕学位论文	0	0	1	2	3	7	3	3	12	16	14
	小计	1	1	12	5	7	10	8	8	15	20	21

续表

类别		2013年	2014年	2015年	2016年	2017年	2018年	2019年	2020年	2021年	2022年	2023年
国内文献	核心期刊论文	11	8	53	148	520	572	824	648	255	259	413
	博硕学位论文	10	13	14	58	74	429	483	476	448	337	208
	小计	21	21	67	206	594	1001	1307	1124	703	596	621

类别		2014年	2015年	2016年	2017年	2018年	2019年	2020年	2021年	2022年	2023年	2024年
国外文献	WOS	—	3810	4205	4663	5104	5800	6981	7841	8372	6761	5839

表2-2　　　　国内外"旅游倡议"相关研究文献统计　　　　单位：篇

类别		2014年	2015年	2016年	2017年	2018年	2019年	2020年	2021年	2022年	2023年
国内文献	核心期刊论文	2	0	2	16	10	18	14	3	5	8
	博硕学位论文	0	0	0	4	6	10	4	3	2	0
	小计	2	0	2	20	16	28	28	6	7	8

类别		2014年	2015年	2016年	2017年	2018年	2019年	2020年	2021年	2022年	2023年
国外文献	WOS	40	55	51	53	59	108	113	120	97	107

2. 研究方法

本书研究运用文献计量分析法与文献归纳分析法开展国内外研究文献综述，以期科学、系统地阐明旅游倡议相关研究的现状、热点及未来研究趋势，为后续研究顺利开展奠定扎实研究基础。其中，研究文献计量分析拟运用 CiteSpace 和 Gephi 软件，对国内外"倡议"与"旅游倡议"相关研究文献的主题词、作者、研究机构等信息进行可视化计量分析。然而初步计量分析结果显示，在作者与研究机构两个方面，国内外"倡议""旅游倡议"相关研究文献的网络结构图，均呈现"节点多而边数少、节点度低、关联性弱"等特征。因而，本书仅从研究主题方面对国内外相关研究文献进行计量分析。研究文献归纳分析，主要是对国内外"倡议"与"旅游倡议"重要研究文献进行系统解读，以明确既有研究的主要内容、研究方法、研究结论与未来研究趋势等，从而系统掌握国内外相关研究进展。

（二）国内外研究文献主题计量分析

1. 国内外"倡议"研究文献主题的计量分析

（1）国外"倡议"研究主题分析。

运行 CiteSpace 软件生成国外"倡议"研究的主题词共现网络数据，然后导入 Gephi 软件进行 Fruchterman Reingold 计算，过滤节点度小于30 的主题词后，获得150 个节点、1208 条边。经社团分割，最终形成由 6 个社团组成的主题网络结构图（见图 2-2）。主题网络结构图中，每个节点的平均度为 16.107，平均加权度为 22.639，网络直径为 10，图密度为 0.018，模块化值为 0.485，平均路径长度 1.225。综上数据表明，对于国外"倡议"研究主题的网络结构，其社区稳定度较高、主题词之间连接较为紧密。

由研究主题网络结构图（见图 2-2）可以看出，企业社会责任、健康、气候变化、中国"一带一路"、体育活动等是国外"倡议"研究的热点。其中，以"corporate social-responsibility"（企业社会责任）为核心的社团，是网络结构中最大的社团，涉及"impact"（影响）、"management"（管理）、"performance"（表现）、"sustainability"（可持续发展）等48 个节点；以"health"（健康）为核心的社团，涉及"intervention"（干预）、

第二章 理论基础与文献综述

"children"（儿童）、"care"（护理）、"implementation"（实施）等36个节点；以"climate change"（气候变化）为核心的社团，涉及"conservation"（保护）、"grass-roots innovations"（基层创新）、"lessons"（经验教训）等23个节点；以"China Belt"（中国"一带一路"）为核心的社团，涉及"foreign direct investment"（外国直接投资）、"CO_2 emissions"（二氧化碳排放）、"data envelopment analysis"（数据包络分析）等15个节点；以"physical activity"（体育活动）为核心的社团，涉及"risk"（风险）、"obesity"（肥胖）、"coronary-heart-disease"（冠心病）等15个节点。

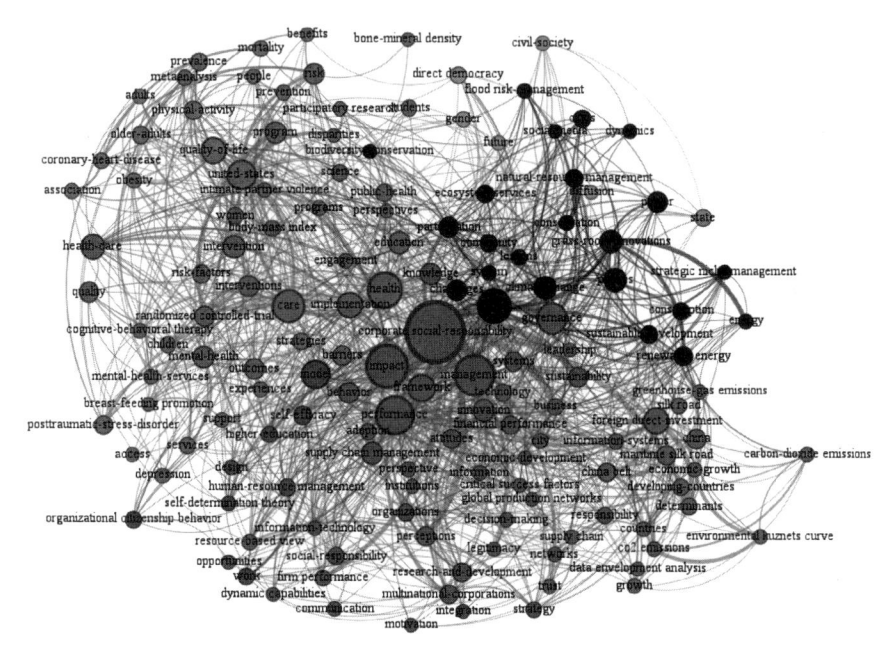

图2-2 国外"倡议"研究主题的网络结构

（2）国内"倡议"研究主题分析。

在Gephi软件中导入国内"倡议"研究主题的共现网络数据，进行Fruchterman Reingold计算并过滤节点度小于4的主题词，获得223个节点、435条边。经社团分割，最终形成由9个社团组成的研究主题网络结构图

旅游倡议：内涵、效用与影响机制

（见图2-3）。主题网络结构图中，每个节点的平均度为3.901，平均加权度为14，网络直径为7，图密度为0.018，模块化值为0.12，平均路径长度2.283。综上数据表明，国内"倡议"研究主题的网络结构，其社区稳定度较低、主题词之间连接不够紧密。

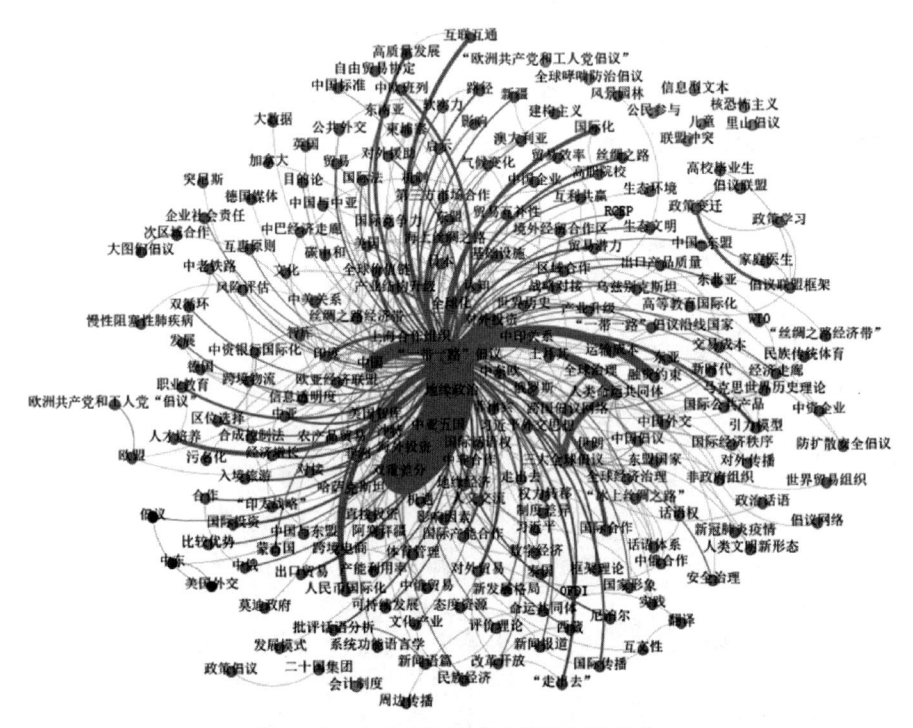

图2-3 国内倡议研究主题的网络结构

研究主题网络结构图显示（见图2-3），"一带一路"倡议、人类命运共同体、政策变迁是国内"倡议"研究的热点。其中，以"一带一路"倡议为核心的社团，是网络结构图中最大的社团，涉及对外投资、地缘政治、双重差分、全球化、产业结构升级、国际话语权等174个节点；以人类命运共同体为核心的社团，涉及三大全球倡议、全球治理、国际经济秩序、中国外交等25个节点；以政策变迁为核心的社团，涉及倡议联盟框架、高校毕业生、政策学习等6个节点。

(3) 国内外"倡议"研究主题计量分析比较。

国内外"倡议"研究主题网络结构图（见图2-2、图2-3）比较显示，国外倡议研究文献数量较多，既有研究主题涉及政治、经济、环境、社会等诸多领域，研究主题面广且相对较为稳定、彼此联系性强；而国内"倡议"研究文献数量相对偏少，既有研究主题多集中于政治、经济领域，但研究主题的稳定性较弱，今后可能呈现研究主题多样性趋势。

2. 国内外"旅游倡议"研究文献主题计量分析

(1) 国外"旅游倡议"研究主题分析。

在Gephi软件中导入国外"旅游倡议"研究主题的共现网络数据，运行Fruchterman Reingold算法并过滤节点度小于3的主题词，获得68个节点、118条边。经社团分割，最终形成由9个社团组成的研究主题网络结构图（见图2-4）。研究主题网络结构图中，每个节点的平均度为3.471，平均加权度为3.706，网络直径为10，图密度为0.052，模块化值为0.704，平均路径长度4.712。由此表明，国外"旅游倡议"研究主题的网络结构，其社区稳定度较高但研究主题之间联系不够紧密。

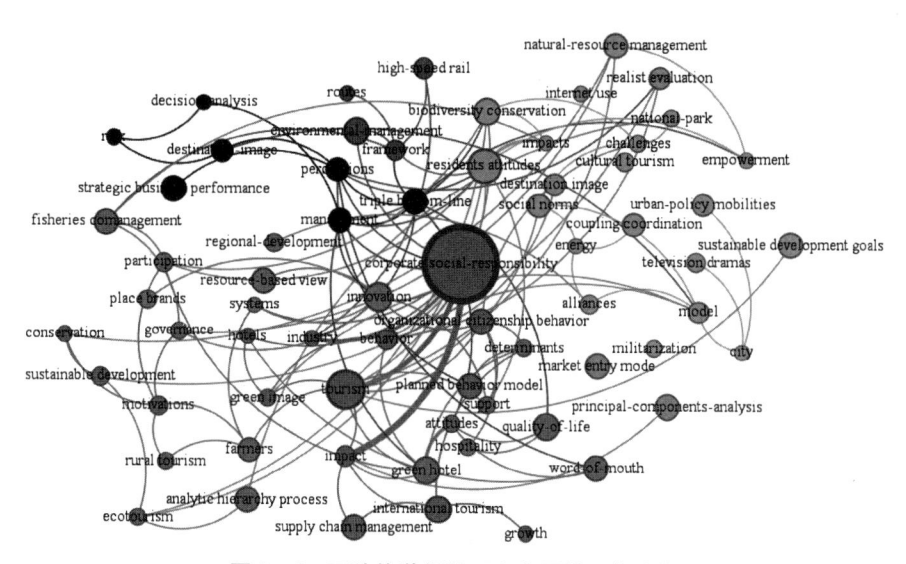

图2-4 国外旅游倡议研究主题的网络结构

研究主题网络结构图显示（见图2-4），企业社会责任、居民态度、公民行为、感知、创新、乡村旅游等是当前国外旅游倡议相关研究的热点。其中，以"corporate social-responsibility"（企业社会责任）为核心的社团，涉及"tourism"（旅游）、"behavior"（行为）、"impact"（影响）等7个节点，节点数量少但却是网络结构中最大的社团；以"residents attitudes"（居民态度）为核心的社团，涉及"social norms"（社会规范）、"destination image"（目的地形象）、"sustainable development goals"（可持续发展目标）等21个节点；以"citizenship behavior"（公民行为）为核心的社团，涉及"green hotel"（绿色酒店）、"planned behavior model"（计划行为模型）、"quality-of-life"（生活质量）等9个节点；以"perception"（感知）为核心的社团，涉及"business performance"（经营业绩）、"destination image"（目的地形象）、"triple bottom line"（三重底线）等7个节点；以"innovation"（创新）为核心的社团，涉及"governance"（治理）、"place brands"（地方品牌）、"resource-based view"（资源观）等8个节点；以"rural tourism"（乡村旅游）为核心的社团，涉及"farmers"（农民）、"analytic hierarchy process"（层次分析）、"ecotourism"（生态旅游）等7个节点。

（2）国内"旅游倡议"研究主题分析。

在Gephi软件中导入国内"旅游倡议"研究主题的共现网络数据，运行Fruchterman Reingold算法并过滤节点度小于2的主题词，获得116个节点、117条边。经社团分割，最终形成由9个社团组成的研究主题网络结构图（见图2-5）。研究主题网络结构图中，每个节点的平均度为2.017，平均加权度为2.638，网络直径为11，图密度为0.018，模块化值为0.67，平均路径长度3.276。由此表明，国内"旅游倡议"研究主题的网络结构，其社区稳定度较高但关键词之间连接不够紧密。

研究主题网络结构图中（见图2-5），以"一带一路"倡议为核心的社团，是网络结构中最大的社团，涉及入境旅游、旅游合作、政策效应等16个节点；以丝绸之路经济带为核心的社团，涉及中亚国家、旅游资源、空间分异等7个节点。以海上丝绸之路为核心的社团，涉及旅游经济联系、空间格局、高速铁路等8个节点；以对策为核心的社团，涉及饭店企业、挑战、建议等6个节点；以产业融合为核心的社团，涉及中医药、北京冬奥会、业态创新等5个节点；以中国为核心的社团，涉及欧亚经济联盟、地缘经济、影响因素等5个节点。综上可以看出，国内旅游倡议相关研究虽然主题多元，但其核心却是"一带一路"倡议与旅游经济。

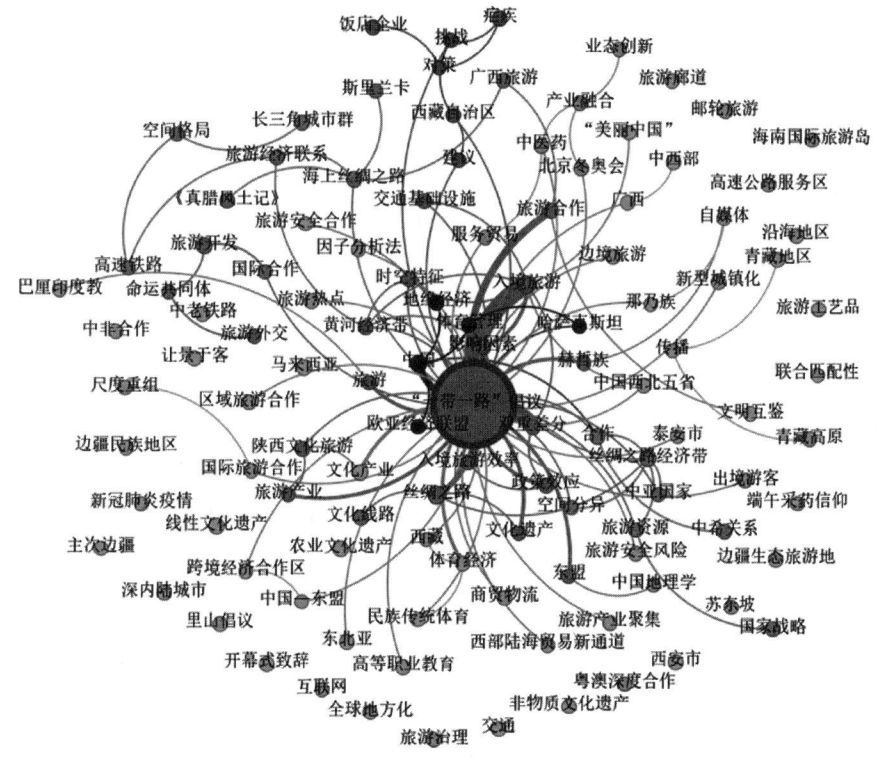

图 2-5 国内旅游倡议研究主题的网络结构

（3）国内外"旅游倡议"研究主题的计量分析比较。

研究主题网络结构图（见图 2-4、图 2-5）比较显示，国内外"旅游倡议"研究在文献数量方面并不存在显著差异。虽然当前"旅游倡议"相关研究的主题整体偏少，但国外"旅游倡议"研究的主题仍较国内研究更为广泛。结合两个网络结构图均呈现的社区稳定度高、主题词联系弱的特点可以判定，当前国内外"旅游倡议"研究主题相对集中、关注面窄，即旅游倡议研究存在研究主题创新不足、突破有限等问题，今后应关注更多相关研究主题。

（三）国内外倡议研究文献归纳分析

1. 国外"倡议"研究文献分析

检索显示，国外"倡议"相关研究主要关注社会、环境、商业等领域知名倡议的基础理论、实施影响因素、实施效应，以及"一带一路"倡议的多元影响等主题。

（1）倡议的基础理论研究。

伊让等（Yirang et al.，2023）基于荷兰10个"弹性基础设施倡议"研究发现，倡议中的弹性概念只侧重于组织弹性，而对自然、社会和经济的弹性关注较少。玛丽娜等（Marina et al.，2023）基于巴西和秘鲁157个地方倡议研究发现，与其他组织多尺度合作的倡议往往能解决社会生态问题。维维安等（Vivian et al.，2023）对荷兰鹿特丹能源转型过程中面向地方政府和公民的倡议研究表明，不同解释机制的配置导致倡议"驯化"，危及倡议的变革潜力。伊莎贝尔等（Isabelle et al.，2023）基于非洲五国"只喝母乳更强壮"（SWBO）倡议研究发现，该倡议由多层决定因素的联合干预措施组成，并为母乳喂养创造良好环境。坎迪德等（Khandideh et al.，2024）基于加拿大107项"青年倡议"信息分析发现，"青年倡议"主要关注教育与能力建设、包容性空间、多样性与自豪感培养三大主题。

（2）倡议实施的影响因素研究。

利西茨基等（M. Lisiecki et al.，2023）针对欧洲"塑料循环倡议"研究发现，投资、法规支持、塑料需求与消费变化以及利益相关者之间的合作等影响塑料循环经济的实现。艾米娜和亨尼（Aamina and Henny，2024）以荷兰能源转型为例研究表明，参与性环境、包容性参与、信息共享以及能源合作社等，是公民参与"社区能源倡议"的影响因素。约瑟芬等（Josephine et al.，2023）基于菲律宾汽车公司的"绿色创新倡议"研究发现，环境法规、市场需求、政府压力、竞争压力、企业社会责任和员工行为等，是推动绿色创新的重要因素。哈萨努尔等（Hasanur et al.，2023）对孟加拉国银行（BB）和印度国家银行（SBI）的"绿色银行倡议"分析表明，银行对绿色项目的资金支持、业务调整、绿色金融产品开发等均促进了绿色银行倡议的落实。丹尼尔等（Daniel et al.，2023）运用模糊集定性比较分析（QCA）研究表明，领导力、学习和沟通能力是地方倡议产生广泛影响的必需条件。

（3）倡议的实施效用研究。

库马尔（Kumar，2023）基于计划行为理论（TPB）探究"绿色大学倡议"对大学生再利用意向的影响，结果显示"绿色大学倡议"显著提升了大学生的道德规范。戈西尔和斯坦巴赫（Goyal and Steinbach，2023）研究发现，俄乌战争期间的"黑海谷物倡议"并未降低，反而提高了农产品价格。约瑟芬等（2023）研究表明，菲律宾汽车公司实施的"绿色创新倡议"对企业的竞争力和账务绩效均产生积极效应。安娜·纳达尔等（Ana Nadal et al.，2023）基于墨西哥"粮食倡议"的调查研究表明，"粮食倡议"已成为农村和城市社区粮食安全的支持机制。杨等（Yang et al.，2023）围绕"2030年零空燃"（ZRF）倡议效用研究表明，ZRF倡议对签署国（特别是发展中国家）的减燃效果显著。约翰等（Johan et al.，2023）发现，"发展有机农业倡议"可显著影响环境可持续性目标，但对经济、社会等方面影响很小。

（4）中国"一带一路"倡议相关研究。

"一带一路"倡议是中国政府于2013年提出的国家级顶层合作倡议，备受国际社会广泛关注与认同。然而，也有少数西方政客与媒体视"一带一路"倡议为"中国版的马歇尔计划"，认为"一带一路"倡议是将中国国内高污染、高能耗产业转移到其他国家与地区。对此"抹黑"言论，学者们通过科学研究予以回应。齐川等（Qichuan et al.，2021）研究表明，

"一带一路"倡议节能减排效果非常显著，其中节能效果为 34.5%、减排效果为 36.4%，而且发展中国家从"一带一路"倡议中的受益程度往往高于发达国家。张等（Zhang et al.，2018）对"一带一路"沿线国家的能源绩效研究表明，"一带一路"沿线国家具有很大的节能潜力，但各地区之间的能源绩效差异显著。拉马萨米等（Ramasamy et al.，2019）认为，"一带一路"倡议降低了双边贸易成本。付（Foo，2019）、马尼亚等（Baniya et al.，2020）研究表明，"一带一路"倡议增加了中国与参与国之间的贸易量。塞缪尔等（Samuel et al.，2023）研究表明，"一带一路"倡议从伙伴关系、服务水平和创新精神三个维度，直接或间接地推进了东非中小企业国际化进程。李（Li，2023）针对中国企业对外直接投资（FDI）研究表明，中国东部省份企业在"一带一路"沿线国家的投资意愿较西部省份企业更强。艾奇逊（Acheson，2006）、阿尔西亚等（Arshia et al.，2022）认为，"一带一路"倡议在促进国际贸易的同时，也增加了中国与沿线国家和人民的文化互动。

2. 国内"倡议"研究文献分析

中国知网检索显示，国内"倡议"相关文献最早出现于 1956 年，但文献内容均为发起"×××倡议"。直至 1998 年，韩华的《梁启超倡议创办中国文化学院析论》（1998）一文，方才开启了倡议相关的学术研究。王仕英（2004）的硕士学位论文《从美洲倡议看冷战后美国对拉美政策的变化》，是国内第一篇倡议研究学位论文。从研究内容来看，国内学者主要关注"一带一路"倡议、全球发展倡议、全球安全倡议、全球文明倡议等中国提出的全球高影响力倡议，并从各大倡议的基础理论和多元效应两大方面展开具体研究。

（1）各大倡议的基础理论研究。

裴长洪（2023）、罗猛等（2017）指出，"一带一路"倡议是马克思主义政治经济学理论中国化和时代化的重要成果，"一带一路"倡议不仅是中国对外经济贸易关系的行动方案，也是重要的全球性经济发展战略、世界发展的重要方案。张新平和董一兵（2023）认为，"全球文明倡议"的本质是尊重世界文明多样性、弘扬全人类共同价值、重视文明传承和创新、加强国际人文交流合作，是马克思主义文明观、中华文明观、中外文明思想的智慧结晶。彭博和薛力（2023）认为，"全球安全倡议"根植于中华文明的连续性、创新性、统一性、包容性与和平性，是合作、开放、共同、多边的新安全范式，为亚太地区的普遍安全和持久和平提供了实践路径。刘志刚（2023）基于人类命运共同体视角研究表明，"全球发展倡议""全球安全倡议""全球文明倡议"（即三大倡议）与人类命运共同体目标高度契合。马永霞和陈晓曦（2023）认为，英国"贴近实践教育研究倡议"是研究者与从业者开展合作研究和反思实践的一项创举，但也存在成本、专业、沟通等问题，今后应共建第三空间应以促进循证研究与反思实践耦合，实现规律性实践转向规范性实践。刘海滨（2020）认为，"欧洲大学"倡议推动了高等教育机构合作模式变革，但也存在对机构、国家的义务、权利、责任估计不足的风险。

（2）倡议的政治效应研究。

雷洋等（2020）以土耳其"中间走廊"倡议为例，研究其对周边各个国家的地缘政治影响，认为"一带一路"倡议与"中间走廊"倡议并不冲突，因此中国要努力寻求与土耳其的利益契合点，规避地缘政治风险。赵鸿洋（2020）调查了《朝日新闻》2015～2019年对于"一带一路"倡议的报道，发现日本新闻报道的关注点主要是政治和经济两个方面，态度从负面到中立变化。刘文波与於宾强（2023）分析了"一带一路"倡议中所提到的中东地区地缘政治风险，并针对风险提出了相对应的建议。林民旺（2015）分析了印度对是否要加入"一带一路"的三种观点，并提出中国应如何应对。江盼（2019）、刘珊珊（2019）、李梦茜（2019）等分别探讨了"一带一路"倡议推进中面临的政治风险、中国海外投资政治风险、中国企业"走出去"政治风险。罗皓文（2023）、王栋（2023）、贾子方（2023）、孙冰岩（2023）等分别对国际社会提出的针对"一带一路"倡议、全球发展倡议、全球安全倡议、全球文明倡议的质疑进行了分析、回应与澄清。

(3) 倡议的经济效应研究。

崔登峰等（2023）采用多期双重差分方法研究表明，"一带一路"倡议能够显著促进企业品牌价值的提升。罗长远等（2023）围绕"一带一路"倡议对中国企业金融化影响研究发现，"走出去"可以抑制企业"舍本逐末"的金融化行为。郭庆宾等（2023）评估"一带一路"倡议对沿线国家资源配置效率的影响表明，倡议通过政策沟通、设施联通、贸易畅通和民心相通等途径，显著提升沿线国家的资本和劳动力配置效率。其中，中低收入国家和亚洲国家在资本与劳动力配置效率方面受益更为显著。黄宏斌等（2023）研究表明，"一带一路"倡议通过"强化要素流动速度"和"降低跨国合作成本"两种效应，有效推动了中国企业与沿线国家的跨国协同创新。而"一带一路科技合作专项计划"政策的出台，则显著强化了"一带一路"倡议对跨国协同创新的推动效应。王颖等（2018）认为，东道国的市场、资源以及人均收入影响中国企业对外直接投资。寇明龙和孙慧（2023）基于省级面板数据研究表明，"一带一路"倡议显著促进了沿线省份经济数量和质量发展，但对经济发展的数量影响大于质量影响，且倡议对"一路"沿线省份的经济促进作用大于"一带"沿线省份。刘博和姜安印（2023）认为，"一带一路"倡议是西北地区发展的最大机遇和扩大对外开放格局的重要抓手。

(4) 倡议的生态环境效应研究。

葛鹏飞等（2018）基于新经济增长模型的异质性分析表明，基础创新和应用创新通过技术效率、技术进步等中介，对"一带一路"沿线国家的绿色全要素生产率提升具有显著促进作用。柴麒敏等（2020）研究表明，"一带一路"倡议提升了沿线国家对低碳能源基础设施的投资力度。姚秋蕙等（2018）通过隐含碳流动测算发现，"一带一路"沿线国家的碳排放高于沿线以外的国家，并可能会给承接其相关产业的国家造成环境污染。然而，余东升等（2021）运用PSM-DID方法研究表明，"一带一路"倡议通过技术创新水平和资源配置效率提升改善了国内沿线城市的环境污染状况，且对国外沿线国家与地区并不存在"污染转嫁"。薛晓芃（2017）以"北九州清洁环境倡议"为例，提出以地方政府为主体的城市环境网络合作模式。

（四）国内外旅游倡议研究文献归纳分析

1. 国内"旅游倡议"研究文献分析

文献检索显示，国内"旅游＋倡议"研究侧重于"一带一路"倡议与旅游业之间的有机互动，具体涉及"一带一路"倡议下旅游业的发展路径与发展效应，以及旅游业助力"一带一路"倡议等主题。

（1）"一带一路"倡议背景下旅游业发展路径研究。

邹统钎（2017）提出，"一带一路"倡议下区域旅游合作应联合申遗、加强基础设施建设以及联合促销。胡抚生（2017）针对"一带一路"沿线国家跨境旅游合作区建设过程中的问题，提出加强基础设施建设、政策创新、建设协调机制等建议。宋昌耀和厉新建（2017）认为，"一带一路"倡议背景下，中国对外旅游投资应转变理念、研究投资环境、合理选择投资区域。姚延波与侯平平（2017）认为，"一带一路"倡议下我国入境旅游产品开发应转型升级、打造旅游品牌、错位开发。焦彦（2017）认为，旅游发展应深耕"一带一路"文化资源，即旅游地坚持文化为基、旅游企业着眼文化专项旅游等。韩元军（2017）认为，构建全球旅游治理新秩序是服务国家"一带一路"倡议大局要求，中国必须在"一带一路"旅游治理中发挥大国主导力。杜志雄、宋瑞（2018）认为在"一带一路"倡议背景下，旅游业应开发新业态、加强新媒体营销。赵鹤（2020）、麦麦提依明（2020）等认为，在"一带一路"倡议背景下旅游产品开发要融入地方特色文化。谢朝武等（2019）研究提出，在政府层面的综合安全保障和产业层面的旅游安全保障市场化，及国家与区域层面的旅游安全合作等重点领域构建中国出境旅游安全保障体系。杨海龙等（2023）基于生态文化视角提出，通过生态文明理念、旅游协同机制、国际旅游示范工程、低碳标识国际旅游产品，促进"一带一路"区域旅游协同发展。陈文捷等（2017）认为，在"一带一路"框架下，自我创新、旅游合作、资源整合是大湄公河次区域经济带旅游合作的内生动力。

(2)"一带一路"倡议对旅游发展的效应研究。

宋昌耀和厉新建（2017）认为，"一带一路"倡议为中国对外旅游投资提供了政策保障、消费市场和金融支持。张睿等（2017）认为，丝路文化软实力建设已成为国际旅游发展的新动力。王淑祺（2022）、侯志强（2021）认为，"一带一路"倡议促进了中国出入境旅游的发展。唐睿等（2018）研究发现，"一带一路"倡议对沿线地区入境旅游的外汇收入和入境旅游人次均具有显著推动作用。何芙蓉与胡北明（2020）研究表明，"一带一路"倡议通过优化产业环境、加大旅游投资、丰富旅游产品及交通网络等，显著促进了沿线省份旅游业的高质量发展。秦晓楠等（2024）探究"一带一路"倡议对入境旅游发展的政策效应表明，入境旅游"一路"区域空间集聚明显、"一带"区域趋向空间极化，"一带一路"倡议显著提高沿线入境旅游效率但实施效果具有滞后性，倡议政策效应具有区域异质性。张佑印等（2023）研究表明，在"一带一路"倡议推进期，国内沿线省市入境旅游规模不断扩大、市场占比不断增强，"一带一路"缩小了省际间入境旅游差异，但其入境旅游效应已由高效促进转向平稳促进。徐雨利等（2022）研究发现，"一带一路"倡议显著提升了沿线重点省份的入境旅游效率，但对入境旅游效率影响存在区域异质性。侯志强等（2021）研究发现，"一带一路"倡议对福建省入境旅游的促进机理源于其深化了福建的对外开放。刘壮等（2022）认为，"一带一路"倡议促进了中国出境旅游并通过国际贸易和文化交流发挥其国际影响力，研究同时发现国人出境旅游存在"因商而旅"和"寻文而至"影响路径，且两种路径之间交互促进。黄锐等（2022）研究发现，"一带一路"倡议对国人出境旅游目的地国家的旅游人次、消费均产生显著正向影响，但对沿线国家的旅游业发展存在滞后性和异质性影响特征。王桀和张琴悦（2021）研究表明，"一带一路"倡议对我国东北、西北、西南三大边境旅游区的旅游经济产生非均衡影响。

(3)旅游业助力"一带一路"倡议发展研究。

胡抚生（2017）认为，跨境旅游合作区建设是"一带一路"倡议实施的重要依托。徐虹和徐静（2017）在分析"一带一路"倡议下旅游开发所面临的机遇和挑战背景下，提出旅游业可通过共享旅游市场、旅游产品体系融合、旅游供应主体引领、旅游服务品质、政策创新、多样人才等助力"一带一路"倡议实施。刘雅君（2018）认为，东北亚区域旅游合作可促进相邻各国政治关系的改善，是实施国家"一带一路"倡议的重要手段。张江驰和谢朝武（2020）认为，中国与东盟旅游产业合作是推进"一带一路"倡议体系的重要先导。

（4）其他倡议对旅游业发展的影响研究。

廖慧怡（2014）基于"里山倡议"的环境管理概念，提出通过地产地消、环境教育、社区参与路径发展乡村生态旅游。杨军辉（2024）基于居民视角探究景区"让景于客"倡议的效用与影响因素表明，"让景于客"倡议可同时产生内容效用与营销效用，居民端的居民品性、收益感知、相对剥夺感知和景区端的景区吸引力等是"让景于客"倡议效用的核心影响因素。

2. 国外"旅游倡议"研究文献分析

文献检索显示，国外"旅游倡议"相关研究主要关注倡议实施的影响因素和倡议的价值与效用两大主题。

（1）旅游倡议实施的影响因素研究。

加西亚（García，2023）围绕哥伦比亚 25 个国家级生态旅游领域的"社会创新倡议"研究发现，社会创新倡议受旅游、环境和创新方面法律法规等因素影响。胡等（Hu et al.，2019）基于计划行为理论探究游客参与黄山国家公园"零垃圾倡议"，研究表明，游客"零垃圾倡议"参与意愿受其行为态度、主观规范、性别与年龄等因素显著正向影响。丹等（Dan et al.，2023）依据归因理论研究发现，员工对组织提出的"亲环境倡议"受其共识性、独特性和一致性等因素影响，具有"高共识、高独特性和高一致性"，或者"低共识、高独特性和低一致性"的员工较难产生亲环境行为，而"低共识、低独特性和高一致性"的员工则更容易产生亲环境行为。勒梅林等（Lemelin et al.，2015）通过原住民旅游案例研究认为，"原住民旅游倡议"受周边区域的社会和地理背景等有形因素及社区自豪感等无形因素影响。

（2）旅游倡议的价值与效用研究。

法蒂玛（Fatimah，2015）通过访谈与实地调查发现，乡村旅游倡议促进乡村文化景观要素产生"添加、继续、定制、转换和修复"五种类型变化。哈米德等（Hamid et al.，2024）基于变革理论、现实主义评估和利益相关者等理论，构建综合理论分析框架（ToCRESA）以评价旅游业变革倡议。杰曼斯等（German et al.，2023）以西班牙马拉加的国王步道为案例，研究表明，"地方发展倡议"对旅游业产生积极影响，并认为战略规划、社区参与和可持续实践在优化地方旅游业发展利益和应对潜在挑战方面非常重要。安娜和弗朗西斯（Anna and Francesc，2012）通过对国际机构及欧洲、西班牙等国家和地区的机构发布的55份"可持续旅游倡议"分析表明，可持续旅游倡议对于旅游政策制定意义重大。拜纳姆等（Bynum et al.，2016）从居民视角对"可持续旅游倡议"的效用研究表明，居民对可持续旅游的重视程度很高，但对实施效果的满意度却较低。古尔索伊等（Gursoy et al.，2019）基于居民视角，从经济、社会、环境三个维度对"酒店社会责任倡议"实施效用展开研究，研究表明，居民对酒店社会责任的认知通过社区满意度直接或间接地促进了居民对旅游再开发的支持度。

（五）研究述评与启示

1. 研究现状述评

基于上述国内外"倡议"与"旅游倡议"相关研究进展分析，本部分拟从研究阶段、研究内容、研究视角与方法三个方面对既有研究现状展开述评。

（1）研究阶段：旅游倡议尚处初步探索研究阶段。

如表2-1所示，国内"倡议"相关研究始于1998年，直到2015年研究文献数量才出现高位增长态势，但仍与国外文献数量存在较大差距且并未呈现相同增长趋势。其中，旅游倡议相关研究文献总量极度偏少（见表2-2）。由此表明，国内学者对于"倡议"主题关注度极低。

而由研究文献内容来看，国内倡议研究多关注"一带一路"倡议与全球三大倡议的应用价值，而对于倡议本身的理论问题虽有关注但非常薄弱。其中，"旅游倡议"相关研究则多限定于"一带一路"倡议与旅游业发展的关系探讨；国外倡议研究涵盖基础理论、影响因素与实施效应等方面，虽较国内倡议研究关注面略广，但其倡议相关理论研究也非常薄弱。总体而言，当前国内外"倡议"相关研究关注面较窄，均未形成倡议研究理论体系。而作为倡议体系构成的旅游倡议相关研究则更显薄弱，目前尚处于初步探索研究阶段。

（2）研究内容：旅游倡议尚未形成研究体系且关注主题高度集中。

如上所述，目前"倡议"相关研究内容多局限于倡议实施影响因素与倡议效应等方面，而对于倡议的内涵、形成与运行机制、利益主体感知、倡议效用影响机制等理论问题关注不足，未能洞悉并阐释倡议内部机理，难以有效指导倡议高效实施。同时，当前倡议相关研究关注主题高度集中，如旅游倡议研究多关注"一带一路"倡议主题，制约众多其他倡议价值的有效发挥。倡议作为柔性管理举措，具有极大的应用领域与空间，但既有研究主要关注政治领域、国家层面的倡议主题，而对于生产、民生等其他领域、其他层级的倡议却较少关注，尚未形成多领域、多层次、多客体的倡议研究体系。

（3）研究视角与方法：视角宏观、方法多定性而少实证。

目前国内外倡议研究多关注国家层面的倡议，致使倡议相关研究视角也普遍较为宏观。在研究区域方面，目前倡议研究多以国家、省域空间为主，鲜有涉及较小空间单元，如城市空间、旅游地等；研究主体方面，倡议受益体（或影响体）研究侧重某经济产业，而非某具体经济实体、受益群体。作为倡议体系中核心利益主体的倡议客体，本应受到相关研究的高度关注，却鲜有学者涉及。

研究方法方面，当前研究主要采用定性研究方法探究倡议的价值与意义、问题与对策、实施路径等，而近年来兴起的倡议定量研究则多基于面板数据，运用双重差分法（DID）测算倡议提出后大区域、大产业的经济效应，较少结合某具体案例，通过定性与定量相融合的方法开展实证研究。以定性研究为主且脱离具体案例而开展的倡议研究，其研究结论对于倡议理论和倡议实践开展的价值贡献相对较低。

2. 研究启示

综上倡议研究进展与文献述评，旅游倡议研究仍存在较大研究空间，今后可从以下三个方面展开研究。

（1）拓展旅游倡议研究内容，构建旅游倡议研究理论体系。

文献述评表明，当前国内旅游倡议相关研究主要关注"一带一路"倡议，与旅游业的互动效应，较少关注旅游倡议的基础理论问题。因而，今后旅游倡议研究应在既有研究基础上，关注旅游倡议的内涵与生成逻辑、利益主体感知、影响机制等研究内容以夯实理论基础。另外，当前倡议主题关注面窄且以国家层面的政治领域倡议为主，今后应在关注政治领域其他倡议的同时，关注经济、环境、民生等领域的旅游相关倡议主题，如文明旅游倡议，且倡议主题层次也可下延至区域、企业层面所发布的旅游相关倡议，即通过倡议主题的领域与层次拓展，丰富旅游倡议研究对象。而倡议研究内容与倡议主题的细化与深入，方可系统构建旅游倡议研究理论体系。

（2）综合运用理论与实证、定性与定量融合研究方法开展旅游倡议研究。

旅游倡议虽然实践应用较早，但应用场景较少，究其根源在于旅游倡议基础理论研究的不足。虽然前期旅游倡议相关研究也在一定程度上促进了旅游倡议的理论发展，并对旅游倡议实践发展起到一定的指导作用。但前期的"重定性、少实证"研究现状，也制约了旅游倡议理论研究的深化以及实践指导价值的发挥。在旅游倡议后续研究中，应结合具体研究对象与研究内容，综合运用多种定性与定量研究方法开展科学研究。同时，理论研究并非空中楼阁，必须结合具体案例开展实证研究方可做到理论联系实际，在理论研究与实践应用有机统一中提升理论研究的可靠性、创新性以及应用价值。

（3）多领域交叉融合研究促进旅游倡议高效实施。

旅游倡议虽为旅游管理领域的重要管理举措，但由于旅游倡议的高效实施与运行必需涉及诸多利益主体的积极配合、倡议相关信息的高效双向传输、倡议实施过程的有效监管等诸多方面，因而旅游倡议研究视角不能局限于管理学科领域。依据旅游倡议高效实施运行的要素，旅游倡议研究应结合传播学、行为学、心理学、经济学、法学、伦理学等学科领域知识，交叉开展相关内容系统研究以指导、推进旅游倡议高效实施。

第三章

旅游倡议的内涵与生成逻辑

　　网络检索显示，国内旅游倡议最早始于2004年国庆假期期间浙江省杭州市旅游局面向杭州市民发布的"让路于客、让景于客"倡议。2006年"五一"假期前夕，深圳华侨城旅游度假区等11个全国文明风景旅游区，率先向全国发出"迎奥运、讲文明、树新风"共同行动倡议书，以推进文明旅游与诚信经营。2006年10月2日，中央文明办联合国家旅游局发布《中国公民国内旅游文明行为公约》《中国公民出境旅游文明行为指南》，从国家层面向国内游客与出境游客发布文明旅游倡议。2007年3月，新疆维吾尔自治区喀纳斯景区、那拉提景区、天池景区三大景区联合发布共建"诚信景区"的倡议。至此，除旅游管理部门之外，旅游倡议对象已涵盖旅游从业者、旅游者、本地居民等旅游业发展中的核心利益主体。

　　2013年4月25日，第十二届全国人民代表大会常务委员会第二次会议通过《中华人民共和国旅游法》（以下简称《旅游法》），《旅游法》中明确规定了"旅游者有文明旅游的义务，旅游经营者应当诚信经营"。但作为文明旅游主体的旅游者和诚信经营主体的旅游从业者数量众多，且违法过程存在瞬时性及情节判定难等问题，致使旅游执法难度较大。因而，在《旅游法》出台之后，每逢重要旅游时段（如"黄金周"）或特殊情境（如景区超载），旅游管理部门、行业协会或旅游经营主体仍然继续面向旅游者、旅游从业者、本地居民适时发布相关旅游倡议。然而，何为旅游倡议？旅游倡议的生成与运行逻辑是什么？目前却鲜有明确认知。

第三章　旅游倡议的内涵与生成逻辑

一、旅游倡议内涵

（一）旅游倡议的概念

在新华字典中，"倡议"被解释为"首先提出的建议，或发起、带头提出的建议"。"倡议书"即倡议的内容，是由某一组织或社团就某事向社会提出建议，或提议社会成员共同去做某事的书面文章。例如，中国政府提出的"一带一路"倡议、全球发展倡议、全球安全倡议、全球文明倡议，国家粮食和物资储备局等五部门发布的"粮食安全倡议"，国际古迹遗址理事会发布的关于促进保护和利用当代工业遗产的"武汉倡议"，世界运河城市论坛发布的世界运河城市遗产保护与绿色低碳发展的"扬州倡议"，扬州市文化和旅游局面向旅游市场主体与从业人员发布的"提升旅游服务质量倡议"等。

基于倡议内涵，结合旅游业发展要素和既有旅游倡议内容等，在此明确旅游倡议的基本概念。旅游倡议是旅游业管理部门或相关组织为保护旅游地资源与环境、保障游客旅游综合体验质量、确保旅游地文旅产业高质量可持续发展，在法律规范、运营管理、设施服务等现有条件下，面对暂时无法有效解决并危及旅游发展的具体问题，而向旅游景区管理者、旅游从业者、游客、本地居民等利益相关者群体公开发布的规范性行为建议。旅游倡议书，即旅游倡议的内容，是旅游倡议主体针对某个旅游发展问题而向倡议客体公开发布的行为规范建议的书面表达。

（二）旅游倡议的本质

旅游倡议所关注的问题是由人而引发的诸多旅游问题，其所采用的管理方式是"提醒、建议、教育、引导"等非强制性手段而非权力与规则下的强制与约束，其目的是改变相关主体的认知理念与行为规范，通过内在驱动方式激发相关主体的责任感、道德感，由内而外、长效改变相关主体的行为方式，实现利益主体相关旅游问题的根源性解决。因而，旅游倡议的本质是"以人为中心"的柔性旅游管理方法，是旅游管理体系的重要组成，是对既有旅游业相关法律、法规和旅游地运营与管理的有机补充。

旅游倡议内生式改变相关主体的认知理念与行为规范，其价值不仅体现于柔性、根源性解决当前旅游倡议所关注的旅游问题，更是从根本上改变了其他潜在利益主体相关旅游问题产生的基础或源头，强化了各类利益主体相关旅游问题的应对与解决能力。伴随知识经济的发展与人类需求层次提升，旅游倡议这一柔性旅游管理方法必将有更为广阔的应用场景。

（三）旅游倡议的特征

1. 旅游倡议主体的权威性

虽然游客、居民、经营者、旅游管理者、政府管理部门、行业组织等均是旅游业发展中的核心利益主体，但各利益主体在旅游体系中的角色、层次、责任等均存在差异。一般而言，具有权威性、高影响力并掌握话语权的利益主体同时也肩负旅游业发展责任，如旅游管理部门、行业组织等，其发布的旅游倡议往往具有极高的可信度、传播力和有效性。

2. 旅游倡议客体的广泛性

旅游倡议是围绕现行法律、规范、管理等暂时无法有效解决且又广泛存在的既有问题而提出的，而既有问题在具体对象的有效配合下方可解决。但由于人的行为具有极大的不确定性和随意性，即使在发布旅游倡议之时已明确倡议的客体群体，但仍难以准确识别出需要倡议的具体对象。因而，旅游倡议只能面向包含需要进行行为规范或理念引导的对象所属群体进行广泛、公开倡议。

3. 旅游倡议问题的典型性

旅游倡议是在既有条件无法有效解决当前普遍存在且又影响深远问题时的应对之举，涉及群体数量众多、分布广泛。因而，旅游倡议的问题选择，一般只关注普遍存在且影响深远、时下迫切需要解决的典型问题。

4. 旅游倡议内容的约束性

旅游倡议内容主要是对倡议客体行为的规范性建议。由于旅游倡议的行为规范一般与倡议客体的既有行为之间存在较大偏差，因而旅游倡议内容必将对倡议客体的行为产生极大的约束性。虽然旅游倡议内容主要涉及客体的行为规范，但高频次甚至常态化的旅游倡议仍会对倡议客体的认知、情感、价值观等产生深远、持久影响，实现倡议客体在认知、理念等方面的约束与改变。

5. 旅游倡议价值的深远性

旅游倡议所关注的问题，多为对旅游业可持续发展具有深远意义的问题，且主要目的是改变诸多利益主体的认知理念与行为规范。因而，旅游倡议的价值影响往往不局限于一时、一地、一人、一事，而是通过改变旅游相关主体的行为、理念等以从根本上解决面临的问题。

6. 旅游倡议实施的引导性

旅游倡议是倡议的有机组成，本身即具有倡议的建议性、引导性特征。同时，旅游倡议是既有法律、规范等无法有效解决所面临问题的应对之举，且旅游倡议对象（客体）数量众多、分布广泛，难以强制实施，只能引导倡议对象改变认知理念，进而通过内生动力规范自我行为以解决问题。

7. 旅游倡议效应的利他性

旅游倡议是相关主体对客体发布的行为规范，但其最终效应并非体现于倡议的主客体，即相关部门或组织发布旅游倡议，其目的在于保护旅游地资源与环境、提升游客综合体验质量、保障或促进旅游地文旅产业高质量可持续发展等，而并非出于自身利益需求。倡议客体响应旅游倡议即是对自我惯常行为的约束与改变，其效应也多体现于他者的旅游体验质量、旅游地的资源环境保护与综合形象等。

8. 旅游倡议发布与响应的非经济性

倡议主体发布旅游倡议的主要动机是游客的综合体验质量和旅游地的可持续发展，并非时下旅游地经济效益。倡议客体响应旅游倡议，也并非倡议主体对客体的经济利益刺激的结果，而是倡议客体在认知、理解倡议内容的价值之后，受其自身文化素养、道德观念、社会责任等因素综合作用、外化的结果。因而，旅游倡议的发布与客体响应，其驱动因素均具有非经济性特征。

（四）旅游倡议的类型

1. 依据倡议主体，旅游倡议分为旅游管理者发布的旅游倡议、旅游产品供给者发布的旅游倡议、旅游行业组织发布的旅游倡议

依据发布主体性质，旅游倡议可细分为旅游管理者发布的旅游倡议，如文化和旅游部面向国内游客发布的文明旅游倡议；旅游产品供给者发布的旅游倡议，如旅游景区面向本地居民发布的"让景于客"倡议、面向景区经营者的诚信经营倡议；旅游行业组织发布的旅游倡议，如联合国世界旅游组织（UN Tourism，2024 年 1 月前为 UNWTO）面向国家、旅游地发布的可持续旅游倡议。

2. 依据倡议客体，旅游倡议分为面向景区管理者的旅游倡议、面向从业者的旅游倡议、面向游客的旅游倡议、面向本地居民的旅游倡议

依据倡议对象（客体）群体，旅游倡议可细分为面向景区管理者的旅游倡议，如可持续旅游倡议、智慧旅游景区倡议；面向景区从业者的旅游倡议，如诚信经营倡议；面向游客的旅游倡议，如文明旅游倡议、生态旅游倡议；面向本地居民的旅游倡议，如"让景于客、让路于客"倡议。

3. 依据适用空间，旅游倡议分为全球性旅游倡议、全国性旅游倡议、区域性旅游倡议

依据倡议适用空间，旅游倡议可细分为全球性旅游倡议，如可持续旅游倡议；全国性旅游倡议，如文明旅游倡议；区域性旅游倡议，如"让景于客"旅游倡议。

4. 依据适用时段，旅游倡议分为常态化旅游倡议、短时段旅游倡议

依据倡议适用时段，旅游倡议可细分为常态化旅游倡议，如文明旅游倡议、低碳旅游倡议；短时段旅游倡议，如"黄金周"期间的"让景于客"倡议。

二、旅游倡议的生成逻辑与运行传播机制

（一）旅游倡议的生成逻辑

1. 旅游地（景区）有限的空间、基础设施、服务等与游客旅游需求之间的矛盾，迫切需要调节旅游地客流结构

旅游地（景区）开发建设本身具有一定的周期性，在面对游客旅游需求增长时难以做出快速响应以提升旅游地容量。同时，旅游地（景区）出于最优经济效益需求，在面对游客的周期性波动（如白天与夜间、周末与周内、旅游旺季与淡季等）问题时，不可能为满足旅游高峰时段的游客旅游需求而大幅提升自身供给能力。因而，旅游地（景区）空间、基础设施与服务等既有条件与游客旅游需求之间矛盾较为突出，景区超载问题成为国内知名旅游地（景区）的普遍现象。与旅游地超载相应，游客的旅游综合体验质量大幅下降，旅游地文旅产业的高质量可持续发展也面临极大挑战。在此背景下，调节客流结构（如本地与外地游客）即成为当前旅游地解决上述矛盾最为有效的抓手。

2. 旅游地（景区）从业者非诚信经营与游客合理性消费需求之间的冲突，呼唤旅游地净化营商环境

受旅游地（景区）从业者的逐利心理、旅游系统性认知不足和景区监管乏力等多因素影响，个别旅游从业者在主客交易中所产生的欺客、不诚信经营等现象，导致游客在旅游地消费中出现经济利益受损、情绪低落、旅游体验感知差、旅游满意度低等问题，进而形成较低的旅游地综合形象感知。而在时下移动互联网络时代，游客对旅游地综合形象的自我感知，可快速、便捷地通过自媒体、在线旅游（OTA）、社交平台等对外广泛传播，导致更大地域空间、更多旅游消费群体也对旅游地综合形象产生相应

认知，即旅游地综合形象由游客的个体认知演变为更多群体的共性认知。旅游从业者的非诚信问题虽然影响深远，但其发生的瞬时性、分散性和违法情节较轻等特征，也导致旅游地（景区）在经营监管中面临"举证难、执法难"困境。面对不诚信经营所产生的游客旅游综合体验质量降低和旅游地文旅产业高质量可持续发展挑战，旅游管理部门与行业组织需从本源上解决问题，即通过常态化旅游倡议，教育、引导从业者提升认知水平、文化素养、道德观念和旅游发展系统观。

3. 旅游地（景区）他者不文明行为与旅游地资源生态保护、游客利益之间的冲突，需从国家层面提升游客文化素养

在旅游地游览过程中，游客不仅与旅游地的经营者、服务人员等群体接触，同时也与其他游客发生直接或间接的接触。部分游客在语言、行为等方面的不文明行为，也将对其他游客的权益、感知等产生较大影响，如大声喧哗、插队、乱刻乱画、破坏生态环境等。因而，游客不仅是旅游地产品的消费者，同时也是旅游地产品体系中的重要组成。当前，中国已步入大众旅游时代，数量众多、文化素养不一的游客中必然存在部分不文明旅游者，这些不文明旅游者往往较多关注自我感知与自我需求，并罔顾他人利益与感受做出诸多干扰甚至侵犯其他旅游者权益的行为，更有甚者对旅游吸引物与生态环境等造成直接破坏，致使其他旅游者旅游综合体验质量大幅下降、重游意愿不足，而资源破坏、生态环境恶化等问题也将危及旅游地（景区）文旅产业的高质量可持续发展。虽然游客不文明行为影响巨大，但由于游客数量众多、流动性强，以及不文明行为产生的瞬时性和空间的不固定性，旅游地（景区）在运营管理中很难及时发现游客的不文明行为。"举证难、执法难"困境致使游客不文明行为只能从国家层面予以解决，即在全国范围内开展文明旅游倡议以规范游客旅游行为、提升游客文化素养。

4. 旅游地（景区）短视性开发与可持续发展之间的矛盾，需要从全球或国家层面提升景区开发者的可持续发展意识

中国是旅游资源大国，拥有丰富的人文旅游资源和自然旅游资源。由于这些人文旅游资源、自然旅游资源大多数为国家所有,因而旅游资源开发本应关注经济效应、社会效应、文化效应与环境效应的均衡发展。但在具体旅游开发中,受市场经济与开发主体认知所限致,旅游地存在短视性开发问题,即较多关注旅游资源开发的经济效应而弱化甚至忽略旅游开发的社会、文化和环境效应,或者仅关注当代旅游者与地方社区居民的需求而无视未来发展机会。旅游地顺应市场经济进行的短视性开发,为旅游业的可持续发展埋下潜在致命风险。因而,迫切需要全球或国家层面的旅游管理部门或行业组织通过可持续发展旅游倡议,从根本上提升旅游资源开发主体的可持续发展意识与责任感。

基于上述分析,旅游地(景区)在发展运营中面临来自旅游地自身、旅游从业者、旅游者、开发者等方面的诸多问题与挑战,均显著影响游客的旅游地综合体验质量和旅游地文旅产业的高质量可持续发展(见图3-1)。在上述问题与挑战中,旅游地(景区)既有条件与游客需求矛盾虽表现为供需不平衡问题,但可通过旅游倡议改变部分游客的旅游需求选择(调节客流结构)予以有效解决。旅游地(景区)从业者与游客、游客内部之间的需求与利益冲突,表象是相关主体行为不规范的结果,但本质上却是相关主体的文化素养与认知理念的外化。加强旅游地(景区)对相关主体的监管只能对其行为进行约束,且现实监管中还存在"举证难、执法难"问题。因而,针对相关主体的行为监管并不能从根源上解决上述主体冲突问题。旅游地(景区)短视性开发与可持续发展之间的矛盾,本质则是旅游地开发主体的认知层次、责任感与可持续发展理念之间偏差的结果。而常态化旅游倡议可从根本上改变、提升相关主体的文化素养与认知或可持续发展的意识与责任感,进而由相关主体将认知理念外化成为持久、规范的行为方式。虽然旅游倡议成效缓慢,但旅游倡议改变倡议客体的认知理念与行为规范所产生的内生动能,却能从根本上缓解旅游从业者与游客、游客与游客之间的冲突,以及旅游地短视性开发与可持续发展之间的矛盾。

旅游倡议：内涵、效用与影响机制

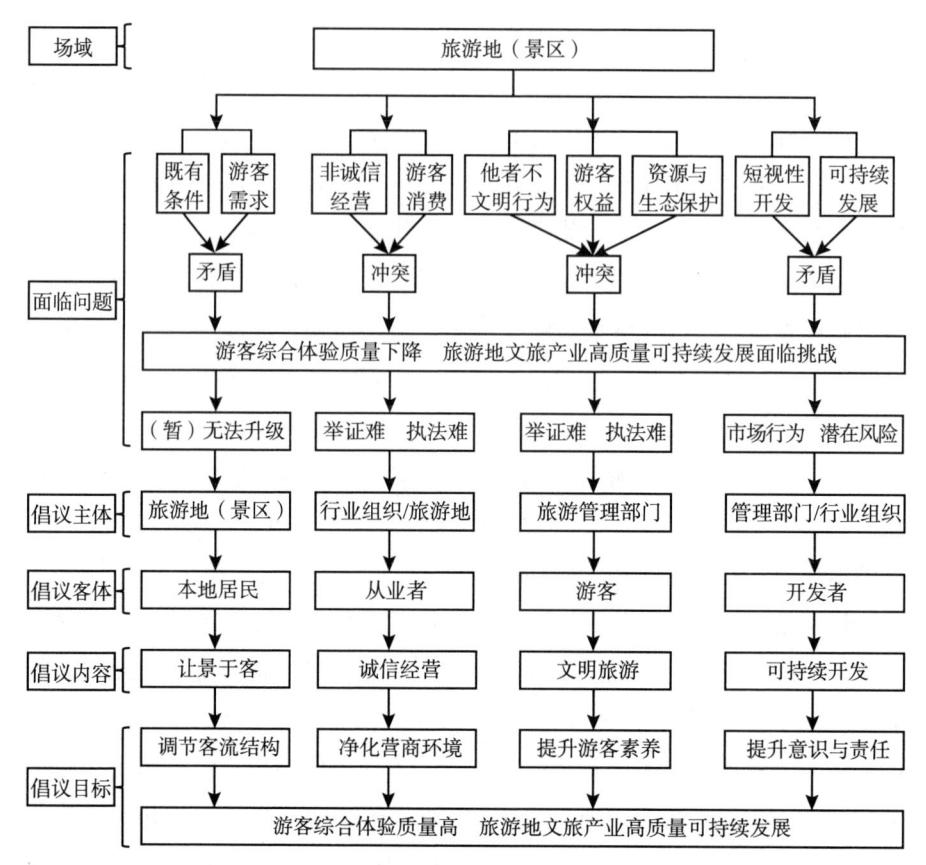

```
场域 ┤ 旅游地（景区）

面临问题：
├─ 既有条件 / 游客需求 → 矛盾
├─ 非诚信经营 / 游客消费 → 冲突
├─ 他者不文明行为 / 游客权益 / 资源与生态保护 → 冲突
└─ 短视性开发 / 可持续发展 → 矛盾

游客综合体验质量下降　旅游地文旅产业高质量可持续发展面临挑战

（暂）无法升级 | 举证难 执法难 | 举证难 执法难 | 市场行为 潜在风险

倡议主体：旅游地（景区） | 行业组织/旅游地 | 旅游管理部门 | 管理部门/行业组织
倡议客体：本地居民 | 从业者 | 游客 | 开发者
倡议内容：让景于客 | 诚信经营 | 文明旅游 | 可持续开发
倡议目标：调节客流结构 | 净化营商环境 | 提升游客素养 | 提升意识与责任

游客综合体验质量高　旅游地文旅产业高质量可持续发展
```

图3-1　旅游倡议的生成逻辑

综上，与利益主体相关且难以规治的旅游问题所引发的游客旅游体验质量下降、文旅产业的高质量可持续发展面临挑战等，是旅游倡议的生成背景。而旅游倡议以人为中心的建议、引导等柔性管理方式，逐步规范和改变利益相关者的认知、理念及行为，根源性缓解甚至解决与利益主体相关旅游问题的特性，则促使旅游倡议成为旅游管理中的最优选择。

（二）旅游倡议的运行机制

旅游倡议是在旅游地问题与发展目标驱使下，由倡议主体、倡议客体、倡议内容、传播媒介、倡议响应等构成的有机互动体系。旅游倡议具体运行机制如图3-2所示。

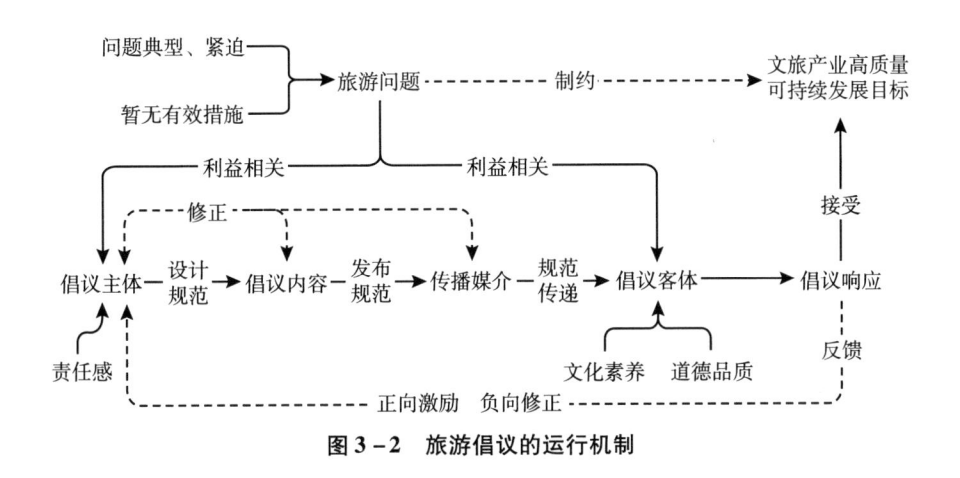

图3-2 旅游倡议的运行机制

1. 既有条件下无法有效解决的典型紧迫问题是旅游倡议的出发点，而文旅产业高质量可持续发展是旅游倡议的终极目标

旅游业发展涉及诸多利益主体，各利益主体需求之间的矛盾或冲突致使旅游业发展问题频现。其中，大多数由利益主体之间矛盾或冲突引发的旅游问题，均可以通过法律、规范、管理等措施予以有效解决。但因利益主体的认知有限、问题个体的隐蔽性、旅游客流的季节性等原因引发的旅游问题，既有法规、管理、旅游地设施等则暂时难以有效解决，致使旅游地游客综合体验质量下降，进而制约文化和旅游产业的高质量发展以及旅游地可持续发展。而旅游倡议所具有的客体广泛性、内容约束性、实施引导性、价值深远性等特征，则可通过倡议客体的认知提升与行为改变，从本质上缓解甚至解决旅游地可持续发展危机。

2. 以内容和媒体为中介的倡议主、客体之间有机互动，是旅游倡议目标高效实现的关键

旅游倡议主体在认识到旅游发展中面临的暂时难以解决的典型、紧迫问题之后，通过剖析问题产生根源以客观选择需要进行行为引导的倡议对象，然后基于需要解决问题针对倡议对象系统设计行为规范内容，并依据倡议对象偏好选择传播媒介以有效传递倡议内容，而倡议对象接收到旅游倡议内容信息之后，则自我综合决策是否接受并外化为旅游倡议所建议的行为规范（即倡议响应）。在旅游倡议发布之后，其所产生的正负效应也将反馈至旅游倡议的发布主体。其中，旅游倡议的正效应将进一步激励倡议主体继续开展行之有效的旅游倡议，而旅游倡议的负效应则驱使倡议主体反思、修正旅游倡议的内容与传播媒介选择，以实现旅游倡议的正效应，最终推进旅游地文旅产业的高质量可持续发展。

3. 倡议主体的责任感与倡议客体的文化素养、道德品质等，是旅游倡议有效实施的核心因素

如前所述，旅游地发展中面临的与利益主体高度相关的旅游问题，不仅直接影响游客在旅游地的综合体验质量，同时也对旅游地文旅产业高质量可持续发展产生深远影响，但既有条件却无法有效解决上述问题，因而旅游倡议成为解决当前问题的最优举措。虽然旅游倡议想要解决的问题与倡议主客体之间均存在极强的利益关系，但问题影响的潜在性、长远性却未必能够被倡议主客体及时认知并产生关注意愿。在此背景下，倡议主体对旅游地发展和游客体验质量的责任感，将决定其是否有意愿主动开展旅游倡议。而倡议客体的文化素养、道德品质则是其旅游倡议响应的内在驱动力，决定其在倡议效应利他性情境下是否愿意接受并改变自己的认知理念与行为规范。因而，倡议主体的责任感和倡议客体的文化素养、道德品质等，是旅游倡议能否有效实施的核心影响因素。

（三）旅游倡议的传播机制

旅游倡议本质是一种以人为中心的文化事项，是倡议主体将倡议内容（文化特质）传递至倡议客体的传播扩散过程，以实现倡议内容（文化特质）的群体共享。基于文化扩散理论分析认为，旅游倡议的传播主要表现为等级扩散、传染扩散、迁移扩散、刺激扩散等几种方式。旅游倡议的传播机制如图 3-3 所示。

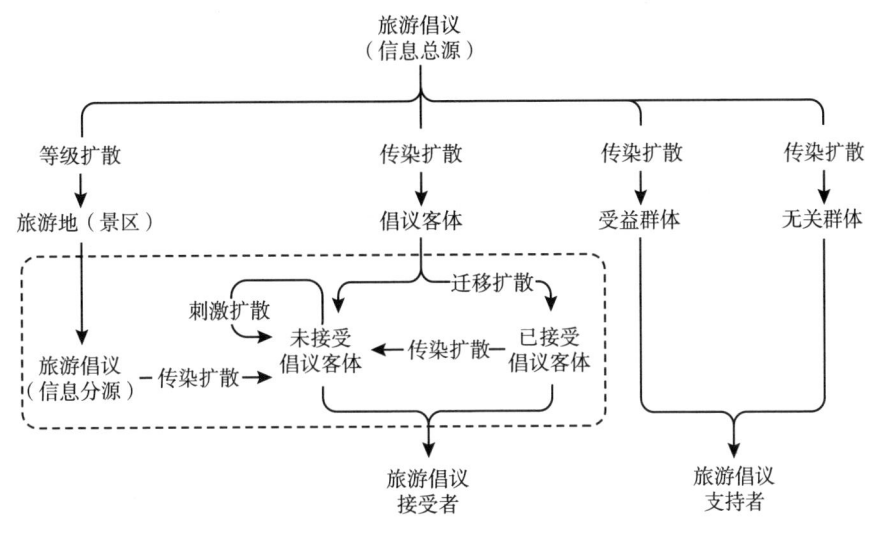

图 3-3　旅游倡议的传播机制

倡议主体通过大众媒介向倡议客体发布旅游倡议，其发布之初虽具有明确的受众群体（即倡议客体），但由于大众媒介传播的广域性特征，其信息受众却并非局限于既定倡议客体，旅游倡议的受益群体、无关群体等也将同时获得旅游倡议信息。其中，倡议客体如果认同旅游倡议的内容与价值（即对于旅游倡议无"免疫力"），则旅游倡议信息则通过传染扩散方式扩散至倡议客体，倡议客体相应转变为旅游倡议的接受者；受益群体与无关群体虽然不是旅游倡议的客体，但其如果认同旅游倡议的价值，旅游倡议信息也将通过传染扩散方式扩散至受益群体与无关群体，致使受益群体与无关群体转变为旅游倡议的支持者。

旅游地（景区）是游客活动的主要场域之一，也是旅游倡议传播的核心场域。因而，倡议主体发布旅游倡议之时，往往通过等级扩散方式将旅游倡议扩散至旅游地（景区），旅游地（景区）成为次一级旅游倡议信息

旅游倡议：内涵、效用与影响机制

源。在旅游地（景区）场域中，之前接受与未接受旅游倡议的客体通过迁移扩散方式，由倡议客体的惯常居住地扩散至旅游场域。之前接受与未接受旅游倡议的客体在旅游地（景区）的互动过程中，受旅游地（景区）他者或环境所产生的刺激扩散以及已接受倡议客体的传染扩散影响，进而转变为旅游倡议的接受者。同时，旅游地（景区）的次级旅游倡议，也将通过传染扩散方式对未接受旅游倡议的客体继续产生扩散效应。旅游倡议的接受者返回惯常居住地（生活场域），通过迁移扩散方式再次将旅游倡议扩散至倡议客体的惯常居住地，同时旅游倡议也将通过传染扩散方式由倡议接受者扩散至更多未接受群体。

综上旅游倡议传播机制分析，在旅游活动前，旅游倡议主要通过传染扩散与等级扩散方式，对倡议客体、受益群体、无关群体和旅游地（景区）等进行传播扩散；在旅游活动中，旅游倡议通过迁移扩散、传染扩散、刺激扩散等多种方式，对倡议客体进行传播扩散；旅游活动后，旅游倡议通过迁移扩散与传染扩散两种方式，继续对倡议客体进行传播扩散。虽然旅游倡议在旅游活动的前、中、后三个阶段表现出不同的传播扩散方式，但各阶段均是旅游倡议传播体系的有机组成，且各阶段之间均存在极强的关联性与互动性。在旅游活动前、中、后三个阶段中，旅游倡议的传播扩散过程如图3-4所示。

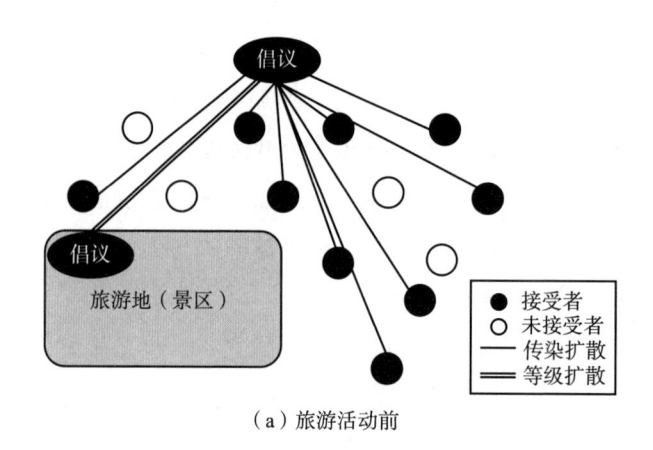

（a）旅游活动前

50

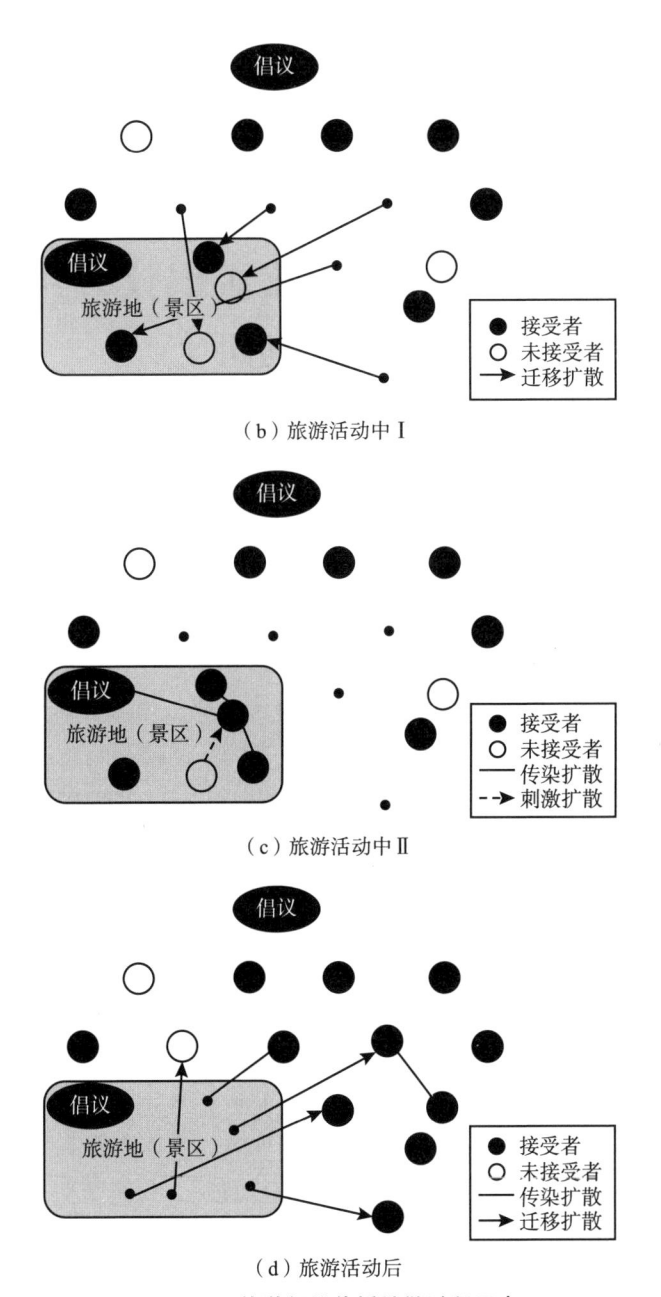

第三章　旅游倡议的内涵与生成逻辑

（b）旅游活动中Ⅰ

（c）旅游活动中Ⅱ

（d）旅游活动后

图3-4　旅游倡议传播扩散过程示意

第四章

面向游客的文明旅游倡议效用与影响机制研究

汉语"文明"一词最早出自《易经》,曰"见龙在田、天下文明"(《易·乾·文言》)。《新华字典》对于"文明"一词的解释分三个含义:①同"文化",如古代文明;②社会发展水平较高的、有文化的状态,如文明社会;③旧时指时新的、现代的,如文明戏。英文"文明"(civilization)一词意为一种先进的社会和文化发展状态,以及到达这一状态的过程[《牛津英文词典》(*Oxford English Dictionary*)]。基于国内文明旅游倡议的内容分析发现,文明旅游倡议中"文明"的内涵与《新华字典》中"文明"的三个标准含义均不相符,文明旅游倡议中的"文明"应是"文明礼仪"一词的缩写表达。与文明旅游表达类似,国内还存在"讲文明,树新风"表达,此处的"讲文明"即是"讲文明礼仪"的缩写表达,即倡议人们用文明的行为、举止等礼仪接人待客。

1998年,中央文明办、建设部、国家旅游局在全国联合开展创建文明风景旅游区活动,自此文明旅游进入大众视野,并成为游客旅游活动的行为规范要求。1999年"黄金周"假日制度实施后,每逢节假日,各大旅游景区游客均呈爆满态势,其间游客不文明行为时有发生。2006年10月,中央文明办联合国家旅游局发布文明行为公约以倡导文明旅游。随后,国家与地方旅游管理部门每逢旅游旺季均适时面向游客发布文明旅游倡议。然而,各种典型、恶劣的游客不文明行为依然时有发生(张建荣等,

2017)。厉新建认为,从全国范围来看,国内不文明游客行为虽然占比极小,但伴随中国进入大众旅游阶段,游客的不文明旅游行为也与其高出游规模相应呈现总量增长态势。[①] 面对游客不文明旅游行为的总量增长,有必要审视现已开展二十余年的文明旅游倡议的实际效用,并明确文明旅游倡议效用的影响因素与作用关系,以促进文明旅游倡议高效开展。

一、文明旅游倡议概述

文明旅游是旅游主体在参与旅游过程中,具备文明感知、情感、知识、责任的文明行为综合(黄细嘉等,2016)。文明旅游在一定程度上体现着一个城市、区域、国家的文明程度,反映区域的旅游环境与形象。文明旅游倡议,是指旅游管理部门或旅游行业协会等管理主体,基于旅游活动中的不文明现象以及旅游资源保护和游客综合体验等需求,面向游客提出的法律、法规、公序良俗等方面行为规范的公开性建议。

2006年10月2日,中央文明办联合国家旅游局发布《中国公民国内旅游文明行为公约》(附录1)和《中国公民出境旅游文明行为指南》(附录2),首次正式面向中国游客发布文明旅游倡议。随后,《国务院关于加快发展旅游业的意见》和《国民旅游休闲纲要(2013—2020)》均提出倡导文明健康的旅游方式。而在2013年颁布并经2016年、2018年两次修订的《中华人民共和国旅游法》中,则明确规定"旅游者有文明旅游的义务"。

2015年4月30日,国家旅游局发布修订后的《国家旅游局关于游客不文明行为记录管理暂行办法》中,将游客不文明行为具体定义为"游客在旅游活动中,因违反法律、法规及公序良俗等受到行政处罚、法院判决承担法律责任,或造成严重社会不良影响的行为"。2016年5月26日,国家旅游局依据《国家旅游局关于游客不文明行为记录管理暂行办法》实施

---

① 国家旅游局局长:黑名单让不文明游客长记性[EB/OL]. 人民网,2015-04-15, https://moment.rednet.cn/rednetcms/news/indexNews/20150407/87794.html.

情况，修订形成《国家旅游局关于旅游不文明行为记录管理暂行办法》（附录3）（以下简称《办法》），即将旅游不文明行为的主体拓展为游客与旅游从业者。《办法》第二条列举出"扰乱公共交通秩序、破坏公共环境卫生与公共设施、违反旅游目的地社会风俗与民族生活习惯、损毁破坏旅游目的地文物古迹、扰乱旅游秩序的活动"等9种游客不文明旅游行为，第三条列举出"欺骗诱导游客消费、胁迫游客、不尊重游客宗教信仰、传播低级迷信思想"等5种旅游从业者不文明旅游行为，同时将不文明行为纳入"旅游不文明行为记录"（旅游业内称为"旅游黑名单"），实施1~5年的信息动态管理。《办法》的出台对不文明旅游行为具有一定的威慑作用。然而，由于多数文明旅游公约内容属于社会道德观念与行为规则范畴，且受游客流动性强和不文明行为发生的瞬时性等因素影响，旅游不文明行为很难被及时发现，而且游客与旅游从业者违法违规行为的轻重判定也存在一定的主观性，致使旅游不文明行为记录管理在具体操作中存在"执法难"困境。

从全国各地文明旅游倡议内容（见表4-1）来看，文明旅游倡议不仅涵盖游客的文明旅游行为规范，同时也包括旅游地（景区）旅游从业者的文明服务与文明经营行为，且倡议内容也在特殊情境下动态调整游客行为规范要求。如新冠疫情暴发期间，国内部分地区的文明旅游倡议即包含"防控优先、健康出游"等内容。综合考虑国家公民文明旅游行为公约与本研究体系安排，本部分中的文明旅游倡议研究仅关注面向游客的文明旅游倡议，旅游地（景区）旅游从业者的文明经营（其核心为"诚信经营"）部分将在后续章节进行探讨，而对于旅游地（景区）文明服务部分本书研究暂不涉及。

表4-1　　　　　　　　　近年国内文明旅游倡议统计

分类	倡议主体	倡议内容	发布时间
政府部门	中央文明办和国家旅游局	文明旅游、遵规守纪	2011年5月10日
	郴州市文明办和市文化旅游广电体育局	遵德守礼，文明出游。诚实守信，文明经营	2019年10月1日

续表

分类	倡议主体	倡议内容	发布时间
政府部门	陕西省委文明办、省文化和旅游厅	防控优先，加强防护；避免扎堆，错峰出游；牢记安全，远离危险；遵守秩序，文明出游	2020年4月28日
	河南省文明办、省文化和旅游厅	防控优先，健康出游；遵德守礼，文明出游；防范风险，安全出游；文明服务，绿色出游	2021年9月29日
	南宁市文化广电和旅游局	遵德守礼，文明出游；遵法守规，安全出游；行业自律，文明引导	2023年4月28日
	上海市虹口区文化和旅游局	文明旅游，礼仪先行，环保旅行，安全出行	2023年10月1日
	北京市文化和旅游局	知礼守礼、文明出行	2023年12月27日
行业组织	中国旅游协会及各专业协会	文明旅游，诚信经营	2013年7月15日
	全国旅游行业协会	文明旅游，行业自律	2015年3月29日
	中国旅游景区协会	营造安全文明诚信旅游环境	2019年7月9日
	昌都市旅游行业协会	文明旅游，从我做起，从现在做起，从点滴做起	2022年5月1日
	2023中国（阿尔山）旅游大会	文明出行，做"文明旅游"的践行者	2023年9月2日
旅游景区	11个全国文明风景旅游区	"迎奥运、讲文明、树新风"共同行动倡议：文明旅游、诚信经营	2006年4月27日

资料来源：笔者通过网络搜集、整理。

二、文明旅游研究文献综述

文献检索显示，文明旅游研究始于学者对游客不文明旅游行为的关注。分析认为，文明旅游行为与不文明旅游行为是游客旅游活动中的两种表现，两者应属于文明旅游的"一体两面"。因而，本部分将文明旅游与不文明旅游相关研究文献进行融合述评。

（一）国内文明旅游研究进展

纵观国内文明旅游研究文献，既有研究主要关注文明旅游的本质、影响机制以及不文明旅游的影响与对策等三大主题。

1. 文明旅游的本质研究

黄细嘉与李凉（2016）认为，文明旅游是旅游主体在参与旅游过程中，具备文明感知、情感、知识、责任的文明行为综合，其本质是人类文明和社会文明在旅游活动和经营中的体现，是旅游者和利益相关者作为主体表现出的"人—人、人—物、人—地"和谐关系。罗文斌（2016）认为，文明旅游是能够促进和反映社会文明进程的旅游发展理念。郭鲁芳（2016）、林德荣（2016）、余慧娟（2018）等认为，利益主体的道德感弱化、游客生活习惯的异地迁移和权益受损等是旅游文明问题的根源。

2. 文明旅游的影响机制研究

刘晨（2023）研究表明，游客的价值观、态度、环境意识等影响其文明旅游行为意向；刘佳（2021）、李恬怡（2023）研究表明，敬畏感正向影响游客文明旅游行为，而自豪感并非文明旅游影响因素；张林铮（2023）研究发现，游客行为认知、景区基础设施与服务质量等均影响游客的不文明行为。邱宏亮（2016）基于计划行为理论（Theory of Planned Behavior，TPB）理论研究表明，道德规范显著影响游客文明旅游的意向与行为；李杨（2019）调查表明，生态伦理显著正向影响游客文明行为意向；吴林国（2023）围绕志愿者服务研究表明，文明引导、浏览讲解与环境维护正向影响游客环境责任行为意愿，但质量监督对于游客行为意愿却并无显著影响；徐敩（2019）研究表明，旅游者之间的凝视可促进其文明旅游行为。陆敏等（2019）研究表明，游客主观规范显著影响其文明行为意向；毕莹竹（2022）认为，惩罚措施、游客性别与出游频次等显著影响游客的不文明旅游行为。

3. 不文明旅游行为的影响与对策研究

学者研究表明，游客的不文明旅游行为对于旅游地的资源、环境等产生较大影响，进而影响旅游地的经济收益与吸引力（李萌，2002；吴秀沛，2019）。陈顺明（2007）认为，出境旅游者的不文明行为不仅损害国家形象与国际交流，同时也将影响中国的入境旅游市场。龙安娜（2022）研究还发现，游客不文明旅游行为可引发其他游客效仿，增加旅游从业者的服务破坏行为。针对游客的不文明旅游问题，吴秀沛（2019）、朱兵强（2018）等认为，应建立游客管理系统、健全景区监督机制，并对游客及从业人员的不文明行为进行法治化管理；林禹秋（2024）研究认为，游客不文明行为的治理逻辑应由"一元治理"转向"多元治理"，治理理念由"弹性治理"转向"韧性治理"，治理工具应"德法共治"。

（二）国外文明旅游研究进展

索格森（Thorgersen，2016）和刘军（Liu，2020）认为，游客文明旅游行为的本质是一种亲环境行为。因而，本部分将环境责任行为（environmentally responsible behavior）、环境可持续行为（environmentally sustainable behavior）、生态行为（ecological behavior）等相关主题研究文献，也纳入文明旅游研究体系进行文献述评。综观既有研究文献，国外学者主要关注文明旅游的内涵与价值、影响机制两大主题。

1. 文明旅游的内涵与价值研究

既有研究认为，游客文明旅游行为是指游客在旅游目的地保持环境整洁、遵守秩序、保护环境、爱护文物、注意使用公共设施等基本行为（Thorgersen，2016；Liu，2020）；而游客的不文明旅游行为则是指游客在旅游情境下触犯旅游地道德底线、不尊重地方文化但又未构成犯罪的旅游行为（Ryan，1996；Qu，2021）。斯特恩等（Stern et al.，2000）将游客的亲环境行为划分为环境激进行为、公共领域的非激进行为、私人领域的环境保护行为、组织内的环境保护行为四个维度。拉姆基松等（Ramkissoon et al.，2013）依据游客参与程度，将亲环境行为划分为低贡献和高贡献亲环境行为。李等（Lee et al.，2013）认为，游客的亲环境行为有助于保护生态系统，消除旅游体验过程中对旅游地的自然环境干扰。菲尼卓（Fenitra，2021）、周（Zhou，2020）认为，游客亲环境行为对于旅游地的社会经济、环境健康至关重要，可显著促进可持续旅游发展。

2. 文明旅游的影响机制研究

刘军等（2020）基于规范激活模型（NAM）和计划行为理论（TPB）研

究表明，游客态度、主观规范和个人规范对其旅游文明行为意愿驱动作用显著。而王等（Wang et al., 2023）研究表明，代际正向影响游客的环境关注与个人规范。屈等（Qu et al., 2021）研究发现，国家形象影响出境游客的文明旅游行为意愿，且国家认同、爱国主义和心理所有权在国家形象与文明旅游行为意愿中发挥中介作用。围绕文明旅游本质的亲环境行为，学者认为，人格、价值观、教育、感知、动机、信念、宗教、社会阶级等因素，显著影响游客的环境责任行为（Robert, 2014；Ahmad, 2014；Tsung, 2023）。旅游地的主客互动、互惠关系可促进游客的环境责任行为（Wang, 2018；Li, 2021）。

（三）研究述评

综合国内外研究进展分析可以看出，既有研究较好地阐明了文明旅游的基本概念与形成原因，并对文明旅游的影响因素进行了较为系统性的剖析，为后续研究的深入开展奠定扎实理论基础。但分析同时发现，既有基础理论研究鲜有关注文明旅游的生成与运行逻辑，影响因素研究中也鲜有关注游客对于文明旅游的接受与践行方面的影响因素和作用关系，且鲜有研究涉及文明旅游活动实施效用的科学评价问题，致使文明旅游在具体实施中不仅存在理论依据不足短板，同时也存在文明旅游实施路径科学性不足、实施效用难评价等实践操作问题。另外，当前研究对于文明旅游推进中广泛应用的文明旅游倡议也鲜有关注。

基于上述研究不足，本章拟以文明旅游倡议为研究对象，从倡议客体视角科学评价文明旅游倡议的实施效用，并揭示倡议实施效用的影响机制，以期明确文明旅游倡议的运行机制，推进文明旅游倡议高效实施。

三、研究思路与数据来源

（一）研究思路

游客既是文明旅游倡议的客体，同时也是文明旅游倡议的受益主体。因而，本部分研究拟基于游客视角，通过倡议内容认知、倡议态度与行为、效用感知与区域差异等研究，层层递进探究文明旅游倡议的实际效用。通过影响因素体系构建与模型验证分析，阐明文明旅游倡议效用的影响因素与作用关系。最后，基于文明旅游倡议的实际效用与影响机制研究结论，探究文明旅游倡议效用的提升策略，以期推进旅游体验环境优化，促进旅游业高质量可持续发展。

（二）数据来源

本部分文明旅游倡议的效用与影响机制研究主要基于倡议对象（即游客）感知视角，因而研究所需数据源于面向游客的文明旅游倡议感知调查。问卷调查于2023年11月1~18日通过问卷星平台（www.wjx.cn）面向全国游客发放，本次调查共回收问卷1246份，依据调查问卷题量剔除填写时长极短（时间<100秒）问卷5份，最终获得有效问卷1241份，问卷有效率为99.60%。调查对象涵盖全国31个省级行政区（港澳台除外），具体人口学特征统计信息如表4-2所示。

表4-2　　文明旅游倡议研究调查对象的人口学特征统计

项目	指标	人数（人）	占比（%）	项目	指标	人数（人）	占比（%）
性别	男	562	45.29	职业	管理人员	213	17.16
	女	679	54.71		专技人员	341	27.48
婚姻	单身	405	32.63		办事人员	208	16.76
	已婚	836	67.37		商业人员	212	17.08
年龄	<18岁	23	1.85		生产人员	154	12.41
	18~24岁	355	28.61		全日制学生	71	5.72
	25~40岁	592	47.70		其他*	42	3.38
	41~60岁	242	19.50	月收入	<2000元	83	6.69
	≥60岁	29	2.34		2000~3500元	122	9.83
学历	初中及以下	17	1.37		3501~5000元	238	19.18
	高中专	379	30.54		5001~8000元	554	44.64
	大专本科	613	49.40		8001~15000元	213	17.16
	研究生	232	18.69		>15000元	31	2.50

注：*其他职业，包括个体经营者、自由职业、离休/退休、全职家庭主妇/夫等。

旅游倡议：内涵、效用与影响机制

本次调查题项共分四个部分，第一部分为游客对文明旅游倡议的认知与行为调查，具体包括游客对文明旅游倡议的认知与态度、游客的文明旅游行为等；第二部分涉及游客对文明旅游倡议效用的综合感知，包括文明旅游倡议效用、旅途中不文明行为感知等；第三部分为游客视角下文明旅游倡议的影响因素调查，包括游客心理与旅游权益、文明旅游体验与效用等方面的综合感知；第四部分为调查对象的人口学特征信息。其中，第二、三部分均采用李克特5级量表法设计。运用SPSS 21.0软件对本次调查数据进行信效度分析（见表4-3），本数据总量表的Cronbach's Alpha值为0.857、KMO值为0.875，各维度量表的Cronbach's α值介于0.821~0.899、KMO值介于0.800~0.841，表明此次调研数据具有较高的信度和效度。

表4-3　　　　文明旅游倡议研究量表的信度与效度检验

维度	题项	标准因子载荷	Cronbach's α	CR	AVE	KMO
游客素养	SY1 支持并遵从文明旅游倡议源于您的文化素养	0.870	0.821	0.80	0.73	0.800
	SY2 支持并遵从文明旅游倡议源于您想为他人、后代营造良好旅游体验环境	0.839				
剥夺感知	BD1 文明旅游倡议限制了您的部分权益	0.875	0.888	0.88	0.76	0.841
	BD2 旅途中他人不文明行为影响您的旅游体验	0.851				
	BD3 旅游"黑名单"对您的旅游行为具有威慑作用	0.888				
旅游需求	XQ1 支持并遵从文明旅游倡议是为提升您的旅游体验质量	0.887	0.860	0.83	0.76	0.800
	XQ2 遵从文明旅游倡议是为给他人营造良好形象	0.853				

续表

维度	题项	标准因子载荷	Cronbach's α	CR	AVE	KMO
倡议效用	XY1 您支持实施文明旅游倡议	0.816	0.899	0.86	0.73	0.817
	XY2 您认为文明旅游倡议实施效用很好	0.861				
	XY3 文明旅游倡议塑造了您的文明旅游行为	0.887				
总量表			0.857			0.875

（三）研究方法

本章研究采用问卷调查法获取游客对于文明旅游倡议的认知与感知信息作为研究数据。基于游客对不文明旅游行为认知、文明旅游倡议态度、实际旅游行为影响和他者不文明旅游行为感知的调查数据，运用统计分析法与相关分析法等剖析游客视角下文明旅游倡议的多维效用；运用文献分析法初步构建文明旅游倡议效用的影响因素体系，运用相关分析法与因果分析法等剖析游客响应文明旅游倡议的影响因素、作用关系及影响程度，以期全面揭示文明旅游倡议的实际效用与影响机制。

四、文明旅游倡议的效用分析

由于文明旅游倡议多由国家、地方旅游职能部门或行业组织直接面向全体游客公开发布，或在特殊旅游时段由上述部门、组织委托管理区域内的旅游景区面向全体游客公开发布，而并非某具体旅游地（景区）的个体行为。因而，文明旅游倡议效用只体现于游客的文明旅游行为规范（即倡议内容效用），并不对某具体旅游地（景区）产生营销效用。

（一）游客视角下文明旅游倡议的内容认知分析

基于中央文明办联合国家旅游局发布的旅游倡议内容（见附录1）分

析，文明旅游倡议主要涉及环境卫生（如乱扔垃圾行为）、资源保护（如景区涂鸦、刻画行为）、民俗文化（如不尊重地方文化行为）、社会公德（如插队、公共场合大声说话行为）四个方面。不文明旅游行为认知调查显示（见表4-4），游客对文明旅游倡议四个方面内容的认知均高于90%。其中，游客对于不文明旅游行为中的环境卫生方面认知度最高（占比高达95.17%），而对于尊重民俗方面的认知度最低（占比为90.41%）。由此表明，游客对于文明旅游行为的整体认知极高，但并未达到理想状态，如旅途中最基本的环境卫生行为方面的认知并未实现全部知晓，且文明旅游内容各维度的认知仍存在一定差异。

表4-4　　　　　　　　游客视角下文明旅游倡议效用统计

维度	选项	人次（人）	百分比（%）	维度	选项	人次（人）	百分比（%）
倡议内容认知	环境卫生	1181	95.17	实际不文明行为	经常有	138	11.12
	资源保护	1170	94.28		有，但不多	513	41.34
	民俗文化	1155	93.07		无	590	47.54
	社会公德	1122	90.41	倡议效用感知	不好	96	7.74
倡议态度	很不支持	6	0.48		一般	510	41.10
	不支持	9	0.73		很好	635	51.17
	一般	84	6.77	对他者不文明行为态度	不支持	858	69.14
	支持	240	19.34		一般	90	7.25
	非常支持	902	72.68		支持	293	23.61

资料来源：依据问卷调查结果处理。

（二）游客视角下文明旅游倡议的态度与实际行为分析

游客对文明旅游倡议的态度调查显示（见表4-4），支持或非常支持文明旅游倡议的调查对象占比高达92.02%，而明确表明不支持文明旅游倡议的调查对象非常少（占比仅为1.21%）。由此表明，游客对于文明旅游倡议持有极高的支持度。文明旅游倡议对游客行为影响调查显示，

74.62%的被调查者表明自己的旅游行为受到文明旅游倡议影响,但仍有5.56%受访者表明其旅游行为并未受文明旅游倡议影响。综上表明,文明旅游倡议得到游客的普遍支持且对其旅游行为产生较大影响。

然而游客旅途中实际行为调查显示(见表4-4),47.54%的被调查者表示其在旅途中并不存在不文明旅游行为;41.34%的被调查者表示在旅途中存在不文明旅游行为但并不多;11.12%的被调查者表示其在旅途中经常性存在不文明旅游行为。由文明旅游倡议的态度和实际行为对比可以看出,游客虽然对文明旅游倡议持有极高的支持度,但半数以上游客在旅途中仍然存在或多或少的不文明旅游行为,即游客对于文明旅游倡议的态度与实际行为之间仍存在较大偏差。相关分析结果显示(见表4-5),游客在旅途中是否存在不文明旅游行为与其年龄在显著性水平0.01上呈现正向显著相关关系,而与其受教育程度在显著性水平0.05上存在正向显著相关关系。由此表明,游客年龄越大,其旅途中发生的不文明行为越少,而受教育程度越高的群体其产生不文明旅游行为的概率越低。

表4-5　游客不文明行为与人口学特征、来源区域与倡议效用的相关分析

项目		年龄	学历	项目		倡议态度	行为影响	效用感知
旅途不文明行为	Pearson相关性	0.115**	0.061*	游客来源区域[b]	Pearson相关性	0.083**	0.048**	0.035**
	显著性(双侧)	0.000	0.033		显著性(双侧)	0.004	0.002	0.012
	N	1241	1241		N	1241	1241	1241

注:a. *、** 分别表明在0.05、0.01水平(双侧)上显著相关。b. 根据国家统计局的划分,本书中东部地区省份包括北京、天津、河北、辽宁、上海、江苏、浙江、福建、山东、广东和海南;中部地区省份包括山西、吉林、黑龙江、安徽、江西、河南、湖北、湖南、内蒙古;西部地区省份包括广西、重庆、四川、云南、贵州、西藏、陕西、甘肃、青海、宁夏和新疆。

(三) 游客视角下文明旅游倡议的实施效用感知分析

游客对文明旅游倡议的效用感知调查(见表4-4)表明,51.17%的被调查者认为当前文明旅游倡议实施效用较好,但仍有7.74%的被调查者认为目前文明旅游倡议的实施效用并不好。由此表明，游客在旅游过程中仍不时可以看到不文明旅游行为。而对于旅途中他者不文明旅游行为的态度调查显示，虽然多数被调查者不支持他者的不文明旅游行为（占比为69.14%），但仍有23.61%的被调查者支持他者的不文明旅游行为。由此也可以看出，游客对旅途中他者的不文明行为具有一定的包容性。而游客对不文明旅游行为的包容性，也致使游客对文明旅游倡议的态度和实际行为之间存在偏差，进而导致文明旅游倡议实施效用一般。

（四）区域差异视角下文明旅游倡议的效用分析

依据全国地理区域划分，将被调查者划分为东部地区游客、中部地区游客和西部地区游客。游客来源区域与文明旅游倡议效用维度相关分析结果显示（见表4-5），游客来源区域与其对文明旅游倡议的态度、效用感知以及文明旅游倡议对其旅游行为影响之间，均在显著性水平0.001上呈现显著正向相关关系，即自东部地区到西部地区，游客对文明旅游倡议的支持态度和文明旅游倡议的效用感知均呈现增长趋势，且文明旅游倡议对游客文明旅游行为的影响也自东部地区到西部地区呈现增大趋势。

从上述游客对文明旅游倡议的内容认知、态度认知和效用感知等维度的分层分析可以看出，实施多年的文明旅游倡议已让游客更好地知晓了文明旅游的行为规范，并对文明旅游倡议实施给予了较高的支持，但游客的具体文明旅游行为却与倡议规范之间存在较大偏差，且倡议效应也存在显著区域差异。总体而言，文明旅游倡议极大地改变了中国游客的文明行为规范认知，但具体实施效用仍有较大的提升空间。

五、文明旅游倡议效用的影响机制研究

（一）研究假设与理论模型构建

1. 游客素养和责任与文明旅游倡议效用关系

游客是旅游业发展中的核心利益主体，也是文明旅游倡议的客体和受

益主体。研究表明，不文明旅游行为虽然有时是其无意识的行为表现（Solstrand，2014），但实质仍是游客的基本道德素养、文明自律意识、生活习惯及文化差异常识等文明素质教育欠缺的外部表现（邹文武，2014），而且游客在陌生环境中"去道德化效应"非常明显，因而较低文化素养是游客不文明行为产生的文化根源（林德荣、刘卫梅，2016）。同时，极具"利他主义"特征的游客环境责任行为也显著影响文明旅游与旅游地的可持续发展（Markle，2013；罗文斌等，2017）。游客环境责任越强，则越会有意无意地约束自我或他人的环境破坏行为；相反，具有较弱环境责任感的游客在面对不文明旅游现象时则会选择视而不见，甚至在从众心理驱使下成为不文明行为群体中的一员（谢海丽，2023；胡华，2014）。综上分析，游客的文化素养和旅游环境责任是其文明旅游行为的内在因素，是影响文明旅游倡议效用的关键。基于上述认知，提出如下研究假设：

H4-1：游客素养与责任正向显著影响文明旅游倡议效用。

2. 游客旅游需求与文明旅游倡议效用关系

游客主动前往异地开展旅游活动，其根本目的在于寻求内心的愉悦体验（谢彦君，2015）。因而，游客在旅游过程中必然存在极高的旅游体验需求与心理预期。为保障自我旅游体验需求与质量，游客在旅途中往往也会在旅游企业提供服务基础上，积极创设条件或遵从相关规范以满足其旅游体验需求。除旅游体验需求之外，人的社会性属性也致使游客在旅游过程中产生个人综合形象需求。有研究（Zhang，2019）等基于"面子理论"研究发现，游客的"面子观念"将弱化其旅游中不文明行为的产生。汪熠杰等（2022）认为，由不文明旅游行为所产生的声誉损失与愧疚感，可增加游客不文明旅游的成本。而"面子"、声誉、尊严等均是游客个人综合形象的有机组成，也是游客在旅游过程中所追求的较高层次旅游需求。受旅游中的体验需求与个人综合形象需求驱使，游客也将积极接受并遵从文明旅游倡议以保障自我旅游需求满足。基于上述分析、认知，提出如下研究假设：

H4-2：游客旅游需求正向显著影响文明旅游倡议效用。

3. 游客自我权益剥夺感知与文明旅游倡议效用关系

研究表明，游客在旅游过程中的实际体验与心理预期、感觉存在差异，或异地与惯常生活体验不对等情形下易于产生相对剥夺感知，进而致使部分游客产生不文明旅游行为（廖维俊、何有世，2018）。另外，旅游地游客行为也是旅游剥夺形成的原因之一（廖继武，2015）。旅游地他者（如游客、居民等）行为对游客权益的侵犯，也将导致游客产生横向剥夺感知（杨振之、潘金玉，2022）。周晓丽（2021）、刘佳（2021）等研究表明，敬畏情绪直接正向影响游客文明旅游行为意向。郭鲁芳与李如友（2016）认为，《游客不文明行为记录管理暂行办法》对不文明旅游行为具有一定的震慑力，应在"违必管、惩必严"原则下将游客不文明行为记录（即"旅游黑名单"）纳入社会征信体系，如此可有效遏制不文明旅游行为乱象。当前的低力度处罚所造成的不文明旅游行为的低成本（汪熠杰等，2022），不利于文明旅游的有效实施。因而，应加大"旅游黑名单"的威慑价值，强化游客对旅游规范的敬畏心理。基于上述认知，提出以下研究假设：

H4-3：游客自我权益剥夺感知显著影响文明旅游倡议效应。

4. 游客人口学特征与文明旅游倡议效用关系

研究表明，游客的学历水平显著影响个体对事物的认知程度（李龙强，2017）。王华与徐仕彦（2016）研究认为，旅游地高学历游客群体在某种程度上扮演着"道德医生"角色，在旅游道德话语权上优越于被凝视的不文明游客。马诗远（2010）、梁松柏（2018）认为，伴随国民旅游经历的不断丰富和对国家形象的日益重视，中国游客不文明行为的发生率进一步下降。分析认为，游客旅游经历是其获取旅游信息的重要来源但并非唯一来源，游客主动或被动的旅游信息摄取也将改变其对文明旅游的认知。由于游客旅游经历的增加和旅游综合信息的摄取均需要时间方面的积累，因而本章研究拟以游客年龄作为其旅游阅历的指标以探究文明旅游倡议效应。综上分析，提出以下研究假设：

H4-4：游客人口学特征正向显著影响文明旅游倡议效应。

第四章　面向游客的文明旅游倡议效用与影响机制研究

基于上述理论分析与研究假设，构建本章研究理论模型，如图 4-1 所示。

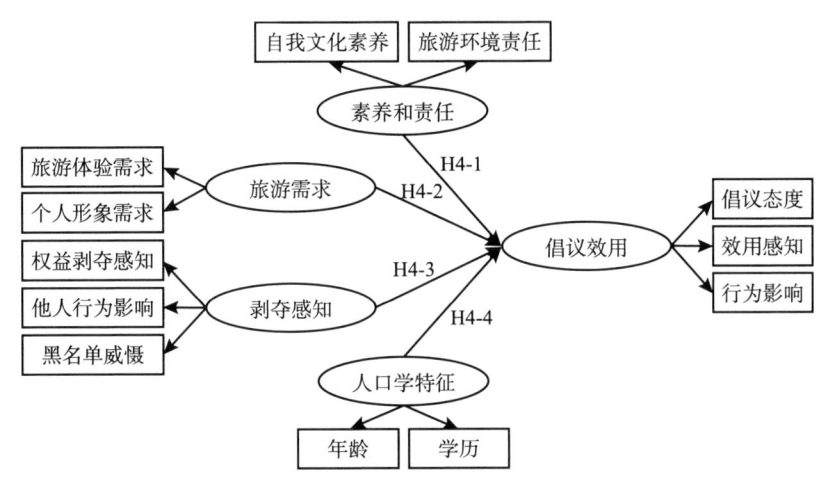

图 4-1　文明旅游倡议效用结构关系假设模型 M1

（二）结构方程模型验证

将假设结构方程模型（M1）与文明旅游倡议调研数据进行拟合度检验，检验结果表明假设结构方程模型（M1）的大部分拟合指标均未达到理想状态，因而对假设结构方程模型做进一步修正。从 AMOS 输出报表中的修正指数可以看出，游客的旅游需求与剥夺感知、素养和责任之间存在较高的修正指数；游客的剥夺感知与其素养和责任之间也存在较高的修正指数；游客人口学特征与其旅游需求之间存在较高的修正指数；游客剥夺感知维度中的"权益剥夺"与"'旅游黑名单'威慑"之间存在较高的修正指数；文明旅游倡议维度中的"倡议态度"与"倡议效用感知""行为影响"之间存在较高的修正指数，"倡议效用感知"与"行为影响"之间存在较高的修正指数。建立上述潜变量之间的联系可以有效降低结构方程模型的卡方统计量并提升该模型的显著性水平，理论分析也确认上述变量之间存在相关关系，因而尝试在上述变量间建立关联形成新的结构方程模型 M2（见图 4-2）。

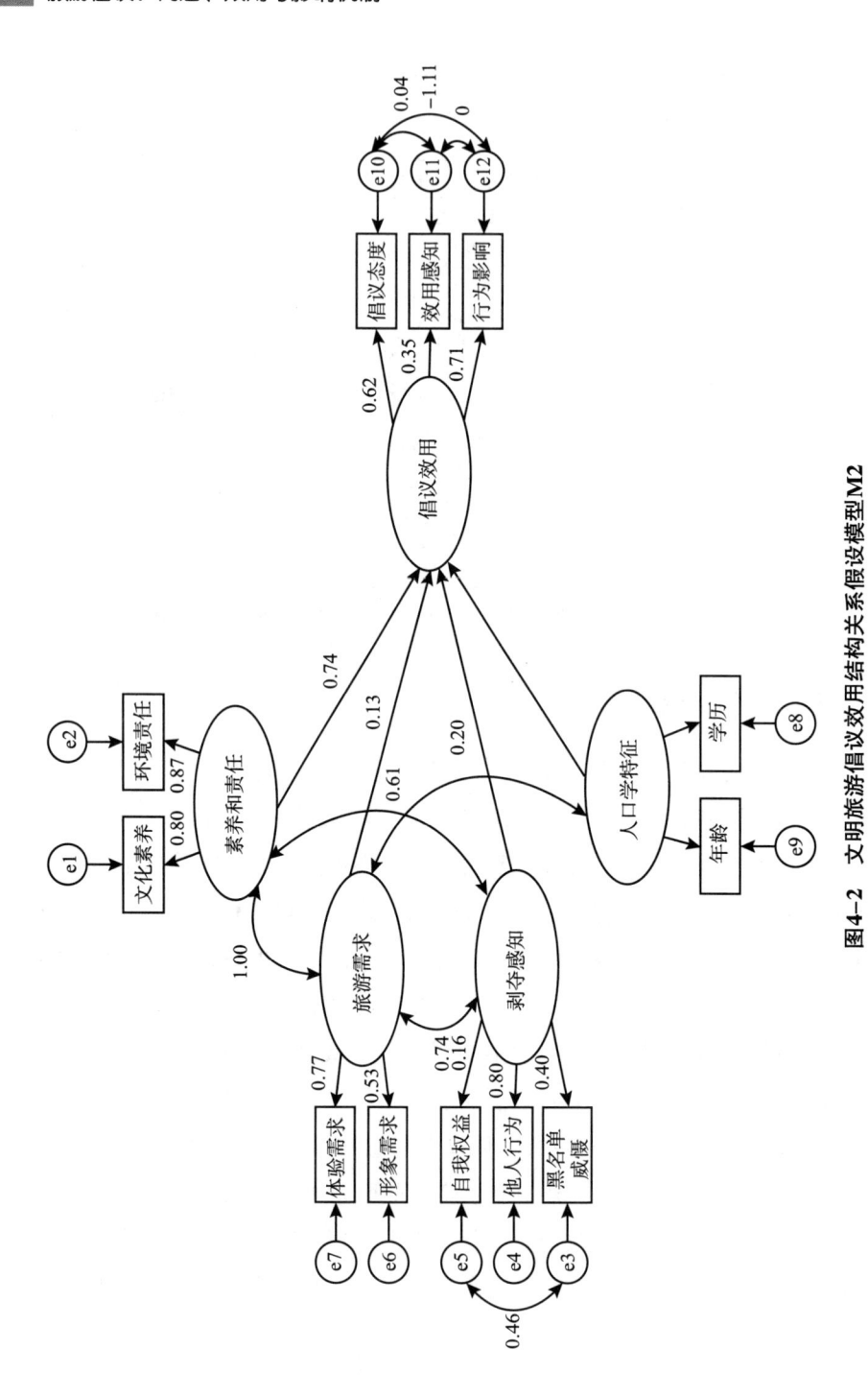

图4-2 文明旅游倡议效用结构关系假设模型M2

将新的结构方程模型 M2 与文明旅游倡议调研数据进行拟合度检验，检验结果显示，新结构方程模型的拟合指标均达到理想状态。但游客人口学特征与文明旅游倡议效用之间的路径系数值仅为 -0.006，标准化路径值为 0.000，即游客人口学特征对于文明旅游倡议效用的影响微乎其微。因而，在此删除游客人口学特征维度，最终建立结构方程模型 M3（见图 4-3）。结构方程模型拟合度检验结果如表 4-6 所示。

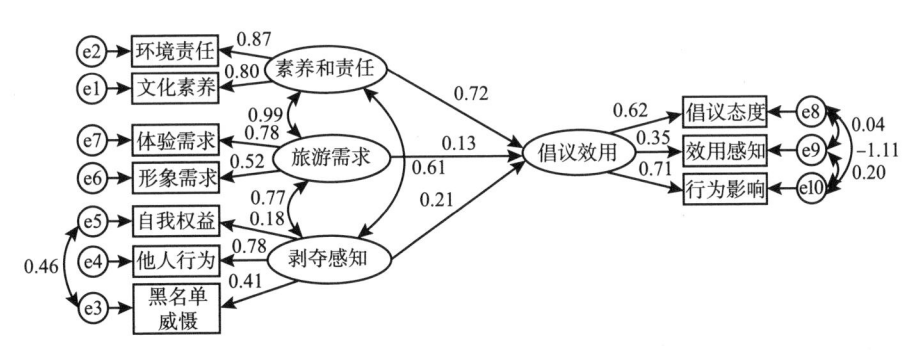

图 4-3　文明旅游倡议效用结构关系假设模型 M3

表 4-6　文明旅游倡议研究初始假设模型与修正模型拟合度比较

拟合指标	绝对拟合指标			增值拟合指标			
	χ^2/df	GFI	RMSEA	AGFI	NFI	CFI	IFI
理想数值	1~3	≥0.9	<0.1	≥0.9	≥0.9	≥0.9	≥0.9
模型 M1	3.597	0.819	0.103	0.807	0.802	0.866	0.867
模型 M2	1.952	0.908	0.078	0.908	0.905	0.912	0.912
模型 M3	1.955	0.921	0.073	0.911	0.917	0.918	0.919

（三）文明旅游倡议效用的影响因素分析

1. 游客素养与责任

相关分析（见表 4-7）显示，游客自我文化素养、旅游环境责任与其对文明旅游倡议的态度、实施效用感知、文明行为影响等之间，均在显著性水平 0.01 上呈现显著正相关关系；结构关系模型验证分析结果（见表 4-8）也表明，游客素养对其自我文化素养、旅游环境责任均在显著性水平 0.001 上正向显著影响，即自我文化素养与旅游环境责任是游客素养的核心构成。同时，H4-1"游客素养与责任对文明旅游倡议效用"在显著性水平 0.001 上具有正向显著影响（即 H4-1 成立），且其标准化路径系数值为 0.724，是本章 4 个研究假设中路径系数的最高值。由此表明，游客素养和责任是文明倡议效用最为核心的影响因素，游客自我文化素养和旅游环境责任是文明旅游倡议效用的重要影响因子。

表 4-7　　　　　　文明旅游倡议效用与各因素相关性分析

项目		素养和责任		旅游需求		剥夺感知			人口学特征	
		自我文化素养	旅游环境责任	体验需求	形象需求	自我权益剥夺	他人行为影响	"旅游黑名单"威慑	年龄	学历
倡议态度	Pearson 相关性	0.517**	0.568**	0.512**	0.171**	-0.121**	0.326**	0.003	0.130**	0.046*
	显著性（双侧）	0.000	0.000	0.000	0.000	0.000	0.000	0.923	0.000	0.045
	N	1241	1241	1241	1241	1241	1241	1241	1241	1241
效用感知	Pearson 相关性	0.234**	0.282**	0.230**	0.340**	0.362**	0.253**	0.347**	0.100**	-0.255**
	显著性（双侧）	0.000	0.000	0.000	0.000	0.000	0.000	0.000	0.000	0.00
	N	1241	1241	1241	1241	1241	1241	1241	1241	1241
行为影响	Pearson 相关性	0.542**	0.587**	0.542**	0.490**	0.172**	0.451**	0.317**	0.068*	-0.151**
	显著性（双侧）	0.000	0.000	0.000	0.000	0.000	0.000	0.000	0.016	0.000
	N	1241	1241	1241	1241	1241	1241	1241	1241	1241

注：*、** 分别表示在 0.05、0.01 水平（双侧）上显著相关。

表4-8 文明旅游倡议研究的结构关系模型验证分析结果

假设关系	影响路径	标准化参数估计值	验证结果
H4-1	游客素养与责任对文明旅游倡议效用	0.724 ***	正向显著影响
H4-2	游客旅游需求对文明旅游倡议效用	0.129 **	正向显著影响
H4-3	游客剥夺感知对文明旅游倡议效用	0.212 ***	正向显著影响
H4-4	游客人口学特征对文明旅游倡议效用	0.000	无影响
	游客素养和责任对其自我文化素养	0.797 ***	正向显著影响
	游客素养和责任对其旅游环境责任	0.874 ***	正向显著影响
	游客旅游需求对旅游体验需求	0.778 ***	正向显著影响
	游客旅游需求对自我形象需求	0.524 ***	正向显著影响
	游客剥夺感知对自我权益剥夺感知	0.175 ***	正向显著影响
	游客剥夺感知对他人行为影响	0.780 ***	正向显著影响
	游客剥夺感知对"旅游黑名单"威慑	0.411 ***	正向显著影响
	文明旅游倡议效用对游客倡议态度	0.621 ***	正向显著影响
	文明旅游倡议效用对游客倡议效用感知	0.354 ***	正向显著影响
	文明旅游倡议效用对游客文明行为影响	0.714 ***	正向显著影响

注：** 、*** 分别表示在0.01、0.001水平上显著。

2. 游客旅游需求

相关分析（见表4-7）显示，游客旅游体验需求、形象需求与其对文明旅游倡议的态度、实施效用感知、文明行为影响之间，在显著性水平0.01上呈现显著正相关关系；结构关系模型验证分析结果（见表4-8）也表明，游客旅游需求对其旅游体验需求、形象需求均在显著性水平0.001上正向显著影响，而且H4-2"游客旅游需求对文明旅游倡议效用"在显著性水平0.001上正向显著影响（即H4-2成立）。游客旅游需求对文明旅游倡议效用的标准化路径系数值为0.129，低于H4-1、H4-3的标准化路径系数。由此表明，虽然游客旅游需求对文明旅游倡议效用的影响相对较小，但仍是文明旅游倡议效用的重要影响因素，而游客旅游体验需求和形象需求则是文明旅游倡议效用的重要影响因子。

3. 游客剥夺感知

相关分析（见表4-7）显示，游客自我权益剥夺感知、他人行为影响、"旅游黑名单"威慑等均与其对文明旅游倡议的态度、实施效用感知、文明行为影响之间，在显著性水平0.01上呈现显著相关关系，且除游客自我权益剥夺感知与其对文明旅游倡议态度之间呈现负相关关系外，其余均为正向相关关系；结构关系模型验证分析结果（见表4-8）表明，游客剥夺感知对其自我权益剥夺感知、他人行为影响、"旅游黑名单"威慑均在显著性水平0.001上正向显著影响，且H4-3"游客剥夺感知对文明旅游倡议效用"也在显著性水平0.001上正向显著影响（即H4-3成立）。游客剥夺感知对文明旅游倡议效用的标准化路径系数值为0.212，介于H4-1、H4-2的标准化路径系数之间。由此表明，游客剥夺感知是文明旅游倡议效用的重要影响因素，游客自我权益剥夺感知、他人行为影响、"旅游黑名单"威慑是文明旅游倡议效用的重要影响因子。

4. 游客人口学特征

相关分析（见表4-7）显示，游客学历、代表旅游阅历的年龄与文明倡议的态度、实施效用感知、文明旅游行为影响之间，在显著性水平0.05上呈现或正或负的显著相关关系；但结构关系模型验证分析结果（见表4-8）却显示，H4-4"游客人口学特征对文明旅游倡议效用"并不存在影响价值（即H4-4不成立）。由此表明，游客人口学特征与文明旅游倡议效用之间是"相关而无影响"关系，游客人口学特征并不是文明旅游倡议效用的影响因素，游客的年龄与学历不是文明旅游倡议效用的影响因子。

（四）文明旅游倡议效用的影响机制分析

综上文明旅游倡议效用影响因素分析可得，游客视角下文明旅游倡议的效用受游客素养和责任、旅游需求、剥夺感知三个因素显著影响，而游客人口学特征并未对文明旅游倡议效用产生显著影响。各因素对文明旅游倡议效用的影响程度表现为游客的"素养和责任＞剥夺感知＞旅游需求"。

基于各因素与文明旅游倡议效用、具体影响因子之间的标准化路径系数，计算各影响因子对文明旅游倡议效用的综合路径系数，如表4-9所示。依据影响因子对文明旅游倡议效用的综合路径系数值，将各因子的影响度划分为"强、中、弱"显著影响三个层次（即路径系数绝对值≥0.5为强显著影响，路径系数绝对值介于0.1~0.4999为中显著影响，路径系数绝对值<0.1为弱显著影响）。其中，游客文化素养和旅游环境责任对文明旅游倡议效用产生正向强显著影响，游客旅游体验需求与他人行为影响对文明旅游倡议效用产生正向中显著影响，"旅游黑名单"威慑、游客形象需求和自我权益剥夺对文明旅游倡议效用产生正向弱显著影响。游客视角下文明旅游倡议效用影响机制如图4-4所示。

表4-9　　　　　影响因素对文明旅游倡议效用的影响程度

影响因素	作用路径	综合路径系数	影响程度
素养和责任	游客文化素养对文明倡议效用	0.5770	强显著影响
	游客旅游环境责任对文明倡议效用	0.6328	强显著影响
旅游需求	游客旅游体验需求对文明倡议效用	0.1004	中显著影响
	游客形象需求对文明倡议效用	0.0676	弱显著影响
剥夺感知	游客自我权益剥夺对文明倡议效用	0.0371	弱显著影响
	他人行为影响对文明倡议效用	0.1654	中显著影响
	"旅游黑名单"威慑对文明倡议效用	0.0871	弱显著影响

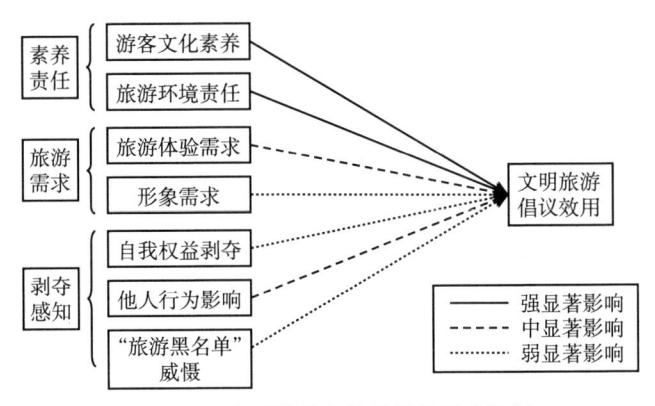

图4-4　文明旅游倡议效用的影响机制

六、本章研究结论与建议

（一）研究结论

1. 游客对于文明旅游倡议的认知、态度与其实际行为之间仍存在较大偏差

本章研究显示，游客对于文明旅游倡议多个方面的内容均有极高的认知，且92%以上的游客支持文明旅游倡议。但从具体实施效用来看，仍有52.46%的游客在实际旅游中存在或多或少的不文明行为，且48.84%的游客认为当前文明旅游倡议实施效用并不好。由此表明，游客对于文明旅游倡议的认知、态度与其实际行为之间仍存在的较大偏差，文明旅游倡议总体实施效用一般。

2. 游客素养和责任、剥夺感知、旅游需求等正向影响文明旅游倡议实施效用

研究表明，游客素养和责任、剥夺感知、旅游需求等均是文明旅游倡议的显著影响因素，且各因素对文明旅游倡议效用的影响程度表现为"素养和责任＞剥夺感知＞旅游需求"。其中，游客文化素养和旅游环境责任对文明旅游倡议效用产生正向强显著影响，游客旅游体验需求和他人行为影响对文明旅游倡议效用产生正向中显著影响，"旅游黑名单"威慑、游客形象需求和自我权益剥夺对文明旅游倡议效用产生正向弱显著影响。

3. 游客学历与旅游阅历对文明旅游倡议效用并无显著影响

本章研究表明，虽然游客人口学特征中的学历和代表旅游阅历的年龄与文明旅游倡议效用之间呈现显著相关关系，但游客人口学特征却对文明旅游倡议效用几乎没有影响，即游客的学历、旅游阅历与文明旅游倡议效用之间并不存在因果关系，两者之间仅仅是"相关而无影响"关系。

（二）文明旅游倡议效用提升建议

1. 与时俱进选择流行传播媒介，提高文明旅游倡议传播效率

本章研究表明，游客对于文明旅游倡议的认知、态度与其实际行为之间仍存在较大偏差，且绝大多数游客并不认同文明旅游倡议对其自我权益的剥夺，因而今后仍可继续开展文明旅游倡议以提升和倡导游客的文明旅游意识与行为。然而伴随时代演进而呈现的游客群体演变，也需要相关部门、组织在开展文明旅游倡议之时与时俱进地选择流行传播媒介，如此方可实现文明旅游倡议内容的快速、广泛传播。

2. 协同开展行为规范与价值意义教育，提升游客文明旅游素养与责任

本章研究表明，游客文化素养和旅游环境责任是文明旅游行为产生的根本及文明旅游倡议效用的核心影响因素。虽然文化素养和环境责任是个体的综合素养，有赖于长时间、全方位的培育，但如果围绕旅游活动针对性地开展文明旅游价值与意义的专项教育，则可快速提升游客对于文明旅游价值的认知水平，进而有效转换为游客在文明旅游方面的文化素养和环境责任。因而，相关部门、组织在今后开展文明旅游倡议时，应在既有文明旅游行为规范建议基础上，拓展并加大文明旅游价值与意义方面的宣传教育力度，如此则可快速提升游客的旅游文化素养与环境责任，进而实现倡议实施效用的提升。

3. 强化不文明行为监察惩处威慑，消解他者对游客的权益剥夺

本章研究表明，旅途中他者的不文明旅游行为对于游客的旅游体验质量和文明旅游倡议的效用均存在较大影响，减少甚至消除游客不文明旅游行为迫在眉睫。虽然游客的文化素养和旅游环境责任是文明倡议效用的核心影响因素及文明旅游行为产生的关键，但游客文化素养和环境责任等却是一个逐步养成的过程。同时，本章研究也发现"旅游黑名单"对于游客旅游不文明行为的威慑效用极弱。因而，当务之急是相关部门、组织应加大对不文明旅游行为的监察力度，强化"旅游黑名单"的执法和惩处力度，并对纳入"旅游黑名单"的信息进行公布，方可快速改变旅游市场中的不文明旅游行为。

（三）讨论

文明旅游倡议是内生式、根源性解决旅游不文明行为问题的柔性管理办法。本章研究基于游客视角探究文明旅游倡议效用的影响机制，在既有研究认为游客素养（林德荣、刘卫梅，2016）和责任（胡华，2014）、精神需求（Zhang et al.，2019；汪熠杰等，2022）影响其文明旅游行为的基础上，进一步证明游客素养和责任、旅游需求也显著正向影响文明旅游倡议的实施效用。剥夺感知影响因素方面，既有研究认为剥夺感知显著负向影响旅游倡议效用（杨军辉，2024），与本章研究结论似乎相悖。然而分析认为，既有研究结论源于旅游地居民视角，而本章研究结论则基于游客视角，研究视角差异的背后是两大利益主体的诉求差异，即剥夺感知对于旅游倡议效用的正向或负向显著影响，均是各自利益驱使下的行为结果，因而本章研究与既有研究结论并不相悖。

另外，既有研究认为游客的学历和旅游阅历对于其文明旅游行为具有显著影响（王华等，2016；马诗远，2010；梁松柏，2018）。分析认为，游客旅游阅历伴随年龄变化而呈现增长趋势，对于文明旅游倡议的价值认知、自我行为等均有正向影响。而游客学历越高，也必将因深刻认知文明旅游倡议的价值与作用而支持文明旅游倡议。但由高学历而产生的"道德医生"形象（王华、徐仕彦，2016），则会认为目前旅游中存在诸多不文明旅游现象，且其文明旅游行为也主要源于个人文化素养与环境责任影响，而并非文明旅游倡议影响。本章研究通过相关分析也证实，游客的年龄与其对文明旅游倡议的态度、实施效用感知以及自我行为影响之间呈现正向显著相关关系；游客的学历与其对文明旅游倡议的态度之间呈现正向显著相关关系，与其对文明旅游倡议的实施效用感知和自我行为影响之间呈现负向显著相关关系。然而，结构方程模型验证分析却显示，由游客的年龄与学历所代表的人口学特征对文明旅游倡议效应的影响微乎其微，即游客的学历、旅游阅历与文明旅游倡议效应之间呈"相关而无影响"关系。此结论与惯常认知和既有研究之间存在极大偏差，有待更多学者深度研究以证实或证伪。

第五章

面向居民的"让景于客"倡议效用与影响机制研究

一、"让景于客"倡议概述

2023年的春节假期是新冠疫情后的第一个长假,人们压抑已久的旅游需求集中于春节期间被迅速释放,国内各大旅游景区均呈现"人从众"现象。据文化和旅游部数据中心测算,2023年春节假期,全国国内旅游出游3.08亿人次,已恢复至2019年同期的88.6%。[①] 西安作为国内著名文化旅游地,在"西安年·最中国"文化IP的加持下也成为国内居民春节出游首选。面对大批外地游客涌入,西安城墙、大唐芙蓉园、大唐不夜城三大景区在对景区客流现状及趋势研判之后,于2023年1月23日(农历正月初二)向西安市民发出"错峰出行、让景于客"的倡议,以让远道而来的客人有机会更好地感受古都西安的魅力。此倡议受到广大外地游客的普遍赞誉,直呼贴心、暖心。网络检索显示,西安三大景区面向市民发布"让景于客"倡议并非国内首倡。2004年,浙江杭州市面向全体市民发出国庆假期"让路于客、让景于客"倡议。此后,承德、永嘉、舟山等城市的政

[①] 新华社. 2023年春节假期国内旅游出游3.08亿人次 [EB/OL]. 2023-01-27, http://www.gov.cn/xinwen/2023-01/27/content_5738862.htm.

府部门或旅游企业也在特殊旅游时段面向全体居民发出"让景于客"倡议，而且倡议城市与倡议时段均呈现增多趋势（见表5-1）。然而，倡议市民"让景于客"的背后是对本地居民的"道德绑架"或权益的干涉与剥夺，因而有必要客观评价此类倡议的真实效用以确定是否继续或扩大开展。

表5-1　　　　国内部分地区"让景于客"倡议汇总

分类	倡议主体	倡议内容	倡议针对时段
政府部门	浙江省杭州市旅游局	让路于客、让景于客	2004年国庆假期
	河北省承德市假日办	让路于客、让景于客	2008年"五一"假期
	浙江省永嘉县假日旅游协调指挥中心	让景于客、让路于客	2008年国庆假期
	浙江省舟山市旅游委、市文明办、市交警支队	让路于客、让景于客、热情迎客、真诚待客	2014年国庆假期
	四川省自贡市文旅局、自贡市旅游协会	让路于客、让景于客、热情迎客、真诚待客	2020年春节假期
	四川省眉山市东坡区文旅局	让路于客、让景于客、热情迎客、真诚待客	2021年春节假期
	湖南省岳阳楼区交通综合整治指挥部、办公室	让路于客、绿色出行、让景于客、礼让宾朋	2021年"五一"假期
	甘肃省合作市公安局、交通运输局	让路于客、让景于客	2021年旅游旺季
	辽宁省沈阳市公安交警	让景于客、让位于客	2024年春节假期
	山西省大同市公安交警	让路于客、让景于客、让位于客、热情迎客	2024年春节假期
旅游企业	四川峨眉山风景名胜区管理委员会	让路于客、让景于客	2015年旅游旺季（周末）
	安徽省琅琊山旅游发展有限公司	让景于客、让路于客	2021年国庆假期
	安徽省桐庐县文化旅游投资集团有限公司	让景于客、错峰出游	2023年春节假期
	山东省枣庄市台儿庄古城景区	让路于客、绿色出行、让景于客、礼让宾朋	2024年春节假期

资料来源：笔者通过网络搜集、整理。

文献检索显示，旅游地居民感知与态度研究始于20世纪70年代，是旅游学界最为关注的研究内容之一，既有研究主要关注居民感知与态度的特征与关系、影响因素等主题。在居民感知与态度的特征与关系方面，国内外学者通常将旅游地居民感知划分为正面感知和负面感知两个维度（王莉、陆林，2005），旅游地居民感知内容主要涉及经济（Getz，1986）、文化（Besulides，2002）、社会（Gaunette，2015）、环境（Rosigleyse，2017）、节事（Kim，2005）、心理（垄晶晶、唐文跃，2022）等方面，而居民对旅游业发展的态度则受其旅游感知结果影响（白玲等，2018）；在居民感知与态度的影响因素方面，学者们认为居民人口学特征（Nunkoo，2012）、旅游经济依赖度（卢松等，2008）、旅游地居住时长（Haley，2005）、旅游地发展阶段（Diedricha，2009）等因素显著影响旅游地居民的感知与态度。

综上所述，学者们围绕旅游地居民感知与态度进行了较为全面的研究，为后续研究奠定了扎实的理论基础。然而分析也发现，既有研究鲜有涉及旅游地居民对于旅游发展中的各类倡议的感知与态度问题。基于既有研究现状，本章研究围绕"让景于客"倡议，基于居民和游客两个利益主体视角探究景区倡议的具体效用与影响因素，以期提升居民对旅游倡议的响应度，促进地区旅游业健康可持续发展。

二、研究思路与数据来源

（一）研究思路与方法

本地居民与游客是旅游业发展中的核心利益主体。旅游地（景区）发布"让景于客"倡议，其倡议客体为旅游地居民，而外地游客则是"让景于客"倡议的核心受益群体。因而，系统剖析"让景于客"倡议的效用与影响机制，需从旅游地居民和游客两个视角展开。

其中，居民视角下"让景于客"倡议研究拟结合典型案例地，选择面向本地居民开展问卷调查以获取居民对景区"让景于客"倡议的感知信息，通过本地居民对景区倡议的影响感知与行为意愿统计分析法探究"让景于客"倡议的具体效用，运用文献分析法构建居民视角下"让景于客"倡议效用的影响因素体系，运用相关分析法和因果分析法中的结构方程模型等剖析居民倡议响应与旅游影响感知之间的相互关系，以期揭示居民视角下"让景于客"倡议的影响因素与作用机制。游客视角下"让景于客"倡议研究，通过面向全国游客开展问卷调查以获取游客对"让景于客"倡议的感知信息，运用统计分析法阐明游客视角下"让景于客"倡议的具体效用，运用文献分析法构建游客视角下"让景于客"倡议效用的影响因素体系，运用相关分析法和因果分析法等揭示游客感知与倡议效用之间的作用关系，进而阐明游客视角下"让景于客"倡议的影响因素与作用机制。最后，基于居民和游客视角下"让景于客"倡议效用与影响机制研究结论，运用系统分析法与头脑风暴法等探究"让景于客"倡议效用的优化、提升建议。

(二) 数据来源

1. 居民视角下"让景于客"倡议效用的研究数据来源

(1) 案例地概况。

西安是世界历史名城、首批中国优秀旅游城市、当代网红城市，拥有秦兵马俑、大雁塔、城墙、钟楼等著名历史文化景区和大唐不夜城、长安十二时辰等沉浸式唐文化主题体验街区，备受国内外游客青睐。自2018年提出"西安年·最中国"以来，西安每年春节假期期间均会推出多主题、多场次的节庆活动，"西安年"现已成为国内最具影响力的文化IP。2023年春节假期期间，西安推出6大主题、1500场次的节庆活动与全国人民共庆新年。据西安大唐不夜城景区统计，1月23日（农历正月初二）景区客流高达45万人次，演职人员甚至无法到达演艺场区，景区严重超载。① 西

---

① 大年初二的西安大唐不夜城：45万游客涌入，被誉"全球最挤"[EB/OL]. 2019-02-07, https://baijiahao.baidu.com/s?id=1624794108519334071&wfr=spider&for=pc.

第五章 面向居民的"让景于客"倡议效用与影响机制研究

安城墙景区、大唐芙蓉园景区，也都大幅超出其 7 万人次与 6 万人次的最大承载量。面对持续高位旅游客流，西安城墙、大唐芙蓉园、大唐不夜城等景区出于游客安全与体验质量综合考虑，于 2023 年 1 月 23 日通过微博、微信短视频等社交平台向市民发出"错峰出行、让景于客"倡议。

（2）数据获取与信效度检验。

居民视角下"让景于客"倡议的研究数据，源于面向西安居民（含西安郊县与西咸新区居民）的问卷调查。问卷调查于 2023 年 1 月 26～28 日通过问卷星平台（www.wjx.cn）发放，本次调查共收回有效问卷 331 份，调查对象人口学特征统计信息如表 5-2 所示。

表 5-2　"让景于客"倡议研究调查对象（居民）的人口学特征统计

项目	指标	人数（人）	占比（%）	项目	指标	人数（人）	占比（%）
性别	男	144	43.50	职业	管理人员	39	11.78
	女	189	56.50		专技人员	131	39.58
婚姻	单身	145	43.81		办事人员	21	6.34
	已婚	186	56.19		商业人员	26	7.85
年龄	<18 岁	4	1.21		生产人员	7	2.11
	18～24 岁	83	25.08		全日制学生	59	17.82
	25～40 岁	124	37.46		其他	48	14.50
	41～60 岁	120	36.25	月收入	<2000 元	61	18.43
	≥60 岁	0	0		2000～3500 元	27	8.16
学历	初中及以下	7	2.11		3501～5000 元	58	17.52
	高中专	15	4.53		5001～8000 元	98	29.61
	大专、本科	188	56.80		8001～15000 元	76	22.96
	研究生	121	36.56		>15000 元	11	3.32

调查题项共分三个部分：第一部分是居民对景区"错峰出行、让景于客"倡议的态度与居民行为意愿，包括居民对景区倡议的知晓与支持

状况、居民春节假期情况与假期旅游活动安排等；第二部分涉及居民对外地游客来西安旅游的多元感知，包括居民对外地游客的态度、外地游客对居民生活与休闲活动的相对剥夺感知、旅游对区域发展的居民感知等，均采用李克特 5 级量表法设计；第三部分为调查对象的人口学特征信息。

运用 SPSS 21.0 软件对本次调查数据进行信效度分析（见表 5 – 3），本数据总量表的 Cronbach's Alpha 值为 0.823、KMO 值为 0.897，各维度量表的 Cronbach's Alpha 值介于 0.798 ~ 0.929、KMO 值介于 0.835 ~ 0.940，表明此次调研数据具有较高的信度和效度。

表 5 – 3　居民视角下"让景于客"倡议研究量表的信度与效度检验

维度	题项	标准因子载荷	Cronbach's α	CR	AVE	KMO
居民品性	BX1 您非常欢迎外地游客来西安旅游	0.849	0.929	0.89	0.77	0.940
	BX2 您乐意提供帮助以让游客在西安游的尽兴	0.904				
	BX3 外地游客来西安增强了您的自豪感	0.882				
收益感知	SY1 外地游客来西安旅游提高了您的经济收入	0.847	0.827	0.84	0.71	0.851
	SY2 外地游客来西安增加了城市收入	0.829				
	SY3 外地游客来西安提升了城市知名度	0.853				
剥夺感知	BD1 外地游客侵占了您的生活空间	-0.792	0.925	0.74	0.61	0.876
	BD2 外地游客挤占了您的旅游机会	-0.786				
	BD3 外地游客降低了您的旅游体验质量	-0.759				
倡议效用	XY1 您支持景区"让景于客"倡议	0.888	0.798	0.81	0.68	0.835
	XY2 景区倡议让您有被绑架感觉	0.811				
	XY3 景区倡议影响您的旅游行程	0.765				
总量表			0.823			0.897

2. 游客视角下"让景于客"倡议效用的研究数据来源

游客视角下"让景于客"倡议效用研究数据，源于面向全国游客的问卷调查。问卷调查于 2023 年 11 月 1~18 日通过问卷星平台（www.wjx.cn）面向全国游客发放，本次调查共回收问卷 1246 份，依据调查问卷题量剔除填写时长极短（时间<100 秒）问卷 5 份，最终获得有效问卷 1241 份，问卷有效率为 99.60%。调查对象涵盖中国 31 个省级行政区（港澳台除外），具体人口学特征统计信息如表 5-4 所示。

表 5-4 调查对象（游客）人口学特征统计

项目	指标	人数（人）	占比（%）	项目	指标	人数（人）	占比（%）
性别	男	562	45.29	职业	管理人员	213	17.16
	女	679	54.71		专技人员	341	27.48
婚姻	单身	405	32.63		办事人员	208	16.76
	已婚	836	67.37		商业人员	212	17.08
年龄	<18 岁	23	1.85		生产人员	154	12.41
	18~24 岁	355	28.61		全日制学生	71	5.72
	25~40 岁	592	47.70		其他*	42	3.38
	41~60 岁	242	19.50	月收入	<2000 元	83	6.69
	≥60 岁	29	2.34		2000~3500 元	122	9.83
学历	初中及以下	17	1.37		3501~5000 元	238	19.18
	高中专	379	30.54		5001~8000 元	554	44.64
	大专、本科	613	49.40		8001~15000 元	213	17.16
	研究生	232	18.69		>15000 元	31	2.50

注：*其他职业，包括个体经营者、自由职业、离休/退休、全职家庭主妇/夫等。

游客视角下"让景于客"倡议效用研究的调查题项共分四个部分：第一部分为游客对"让景于客"倡议的内容感知、倡议客体感知，具体涉及游客对"让景于客"倡议的心理反应、居民配合度、居民利益剥夺、实施效果感知等；第二部分为"让景于客"倡议的效用感知，包括游客对"让景于客"倡议的态度、旅游地的旅游意愿等；第三部分为游客"让景于客"倡议的信息获取、有效实施建议等；第四部分为调查对象的人口学特征信息，包括年龄、学历、来源地区等信息。其中，第一、第二部分均采用李克特5级量表法设计。

运用 SPSS 21.0 软件对本次调查数据进行信效度分析（见表5-5），本数据总量表的 Cronbach's α 值为0.872、KMO 值为0.888，各维度量表的 Cronbach's α 值介于0.831~0.896、KMO 值介于0.801~0.887，表明此次调研数据具有较高的信度和效度。

表5-5　游客视角下"让景于客"倡议研究量表的信度与效度检验

维度	题项	标准因子载荷	Cronbach's α	CR	AVE	KMO
倡议内容感知	NR1 "让景于客"倡议让您感觉很暖心	0.883	0.831	0.90	0.75	0.887
	NR2 "让景于客"倡议拉近您与旅游地的心理距离	0.868				
	NR3 "让景于客"倡议有效解决旅游地拥挤问题	0.847				
倡议客体感知	KT1 本地居民非常配合"让景于客"倡议	0.834	0.896	0.90	0.74	0.838
	KT2 "让景于客"倡议影响本地居民利益	0.858				
	KT3 "让景于客"倡议增强了您对本地居民的好感	0.892				
倡议效用	XY1 您非常支持"让景于客"倡议	0.862	0.854	0.85	0.73	0.801
	XY2 "让景于客"倡议让您更有旅游意愿	0.850				
	总量表		0.872			0.888

三、居民视角下"让景于客"倡议的效用与影响机制分析

(一) 居民视角下景区"让景于客"倡议的效用分析

1. 居民对景区"让景于客"倡议的态度分析

统计显示，73.72%的被调查者知晓西安城墙、大唐芙蓉园、大唐不夜城三大景区发布的"错峰出行、让景于客"倡议，表明本次西安三大景区"让景于客"倡议发布的传播媒介与传播平台选择较好，在西安居民中具有较高的传播率。针对本次西安景区的"错峰出行、让景于客"倡议内容，虽然有20.85%的被调查者认为景区倡议是对自己的一种"道德绑架"，但总体而言91.84%的被调查还是支持该景区倡议。由此表明，部分居民虽然对于景区倡议内容感觉不适，但仍顾虑大局而选择支持"错峰出行、让景于客"倡议，本次景区倡议得到了西安居民的广泛支持。

2. 景区"让景于客"倡议的效用分析

旅游景区通过媒体向社会发布"让景于客"倡议，在广而告之"倡议内容"背后，其本质也是一次市场营销活动。因而，本次研究拟基于"景区倡议是否影响居民春节出行计划"、居民知晓景区倡议之后的"计划出游目的地"和"西安景区春节游览时段"三个题项调查，从居民对景区倡议的影响感知和行为意愿两个层面，综合探究景区"让景于客"倡议的真实效用，即探究"受倡议影响群体"是响应倡议内容而改变出游目的地或游览时间，还是本无西安景区游览计划但却在倡议之后反而前往景区开展游览体验？"未受倡议影响群体"是在知晓景区倡议之后仍执意在既定时间前往西安景区游览，还是继续居家或前往西安市外地区旅游？

统计显示（见表5-6），在认为景区倡议对自己春节出行计划"有

影响"的群体（共 97 人，占比 29.31%）中，原计划春节期间游览西安市内景区的 49 人，他们全部已经或计划选择在春节期间游览市内景区，既然他们认为景区倡议对自己的春节出行计划有影响，则应该是在看到景区倡议后调整了自己的市内出游时段；原计划春节期间去西安市外旅游地游览的 45 位居民，在知晓西安景区倡议后有 33 人选择将在春节期间前往上述景区游览，其余 12 人则选择春节期间"不游览体验"西安景区活动；原计划春节期间"哪都不去"的 3 位居民，在"西安景区春节游览时段"题项中继续选择不会前往上述景区游览，原因均为担心"人员聚集而不利于身体健康"。也就是说，西安景区倡议中所提到的"高密度旅游客流"进一步坚定了这三位居民的居家意愿。综上数据分析，本次受西安景区"错峰出行、让景于客"倡议影响而改变春节出行计划的 97 人中，真实响应景区倡议内容的被调查者为 61 人（在受影响群体中占比 62.89%），而受景区倡议中展示的热闹、欢乐的"年味"场景、氛围所吸引而转变自己既定选择的被调查者共 33 人，在受影响群体中的占比为 34.02%。

表 5–6　　　　景区"让景于客"倡议的居民响应统计

倡议影响	有影响						无影响					
	西安市内		西安市外		哪都不去		西安市内		西安市外		哪都不去	
旅游目的地	人次（人）	占比（%）	人次（人）	占比（%）	人次（人）	占比（%）	人次（人）	占比（%）	人次（人）	占比（%）	人次（人）	占比（%）
正月初二及前*	6	6.19	0	0	0	0	0	0	3	1.28	0	0
正月初三至初六	22	22.68	6	6.19	0	0	15	6.41	3	1.28	0	0
正月初七至十五	15	15.46	15	15.46	0	0	18	7.69	27	11.54	13	5.56
正月十五后	6	6.19	12	12.37	0	0	21	8.97	48	20.51	11	4.70

第五章 面向居民的"让景于客"倡议效用与影响机制研究

续表

倡议影响	有影响						无影响					
旅游目的地	西安市内		西安市外		哪都不去		西安市内		西安市外		哪都不去	
	人次（人）	占比（%）	人次（人）	占比（%）	人次（人）	占比（%）	人次（人）	占比（%）	人次（人）	占比（%）	人次（人）	占比（%）
不游览体验	0	0	12	12.37	3	3.09	6	2.56	39	16.67	30	12.82
小计	49	50.52	45	46.39	3	3.09	60	25.64	120	51.28	54	23.08
总计	97 人（29.31%）						234 人（70.69%）					

注：*西安景区"错峰出行、让景于客"倡议发布于2023年1月23日（农历正月初二）下午。

在认为景区倡议对自己春节出行计划"无影响"的群体（共234人，占比70.69%）中，原计划春节期间游览西安景区的60名被调查者，有54人选择在春节期间继续游览上述景区，另外6人放弃原西安市内游览计划，原因均为担心"人员聚集而不利于身体健康"；原计划春节期间前往西安以外地区旅游的120位居民，3人已在景区倡议发布之前（正月初二及之前）游览了西安上述景区，78人在知晓西安三大景区倡议之后选择将在春节期间前往西安景区游览，另外39人则选择不会在春节期间参与西安市内景区的游览体验活动；原计划春节期间"哪都不去"的54位居民，有24人选择在正月初七之后前往西安景区游览体验，另外30人则选择不在春节期间游览西安市内景区。综上数据分析，本次不受西安景区"错峰出行、让景于客"倡议影响的群体中，执意在春节期间前往西安景区游览体验的被调查者为54人，在无影响群体中的占比为23.08%；而被景区倡议短视频中传递的"年味"场景与氛围所吸引而改变自己既定选择的被调查者为102人，在无影响群体中的占比为43.59%。

综合上述分析可以看出，西安景区"错峰出行、让景于客"倡议实际产生了两方面效用：一是倡议内容效用，即景区倡议内容得到居民的响应，是此次倡议的根本目的和直接效用。本次调查中，西安景区倡议的内容响应人数为61人，即本次倡议的内容效用为18.43%。二是景区营销效用,即倡议传播过程中对景区的旅游吸引物、品牌、形象的传播与提升,是此次景区倡议的间接效用。本次西安景区倡议受到西安居民广泛关注(知晓率为73.72%),并吸引40.79%的被调查者改变既定居家或西安市外旅游计划而前往景区体验。由景区倡议的内容效用与营销效用对比可以看出,此次西安景区"错峰出行、让景于客"倡议所产生的营销效用远大于其内容效用。

(二)居民视角下"让景于客"倡议效用的影响机制分析

1. 研究假设与理论模型构建

居民态度是旅游地软环境的重要表征(马明、彭淑贞,2016)。研究表明,居民好客精神是旅游地吸引游客到访的重要因素之一,且对游客的旅游行为和体验满意度具有显著正向影响(Pizam,2000;李天元、向招明,2006)。居民对游客的热情友好主要体现于其待客态度与待客行为两方面(陈志钢等,2017)。同时,居民作为旅游地核心利益主体,旅游业发展所产生的多元效应也必将对其产生诸多影响。研究表明,居民对旅游经济与社会效应的感知与态度存在差异。如居民对旅游经济影响感知以正向为主(Andereck et al.,2005),对于社会文化影响感知则以负向为主(Jurowskic,1997)。其中,居民旅游经济利益感知在政府信任和支持旅游发展之间发挥中介作用,并正向影响其对社区旅游的支持度(冯晓华等,2015;贾衍菊等,2021;柴健等,2022;王咏等,2014)。而旅游业发展中所产生的交通拥堵、居民生活空间被压缩、居民休闲质量下降等社会效应,也致使居民产生纵向和群体相对剥夺感知以及基于公平理念的剥夺感知,进而对旅游发展的支持度下降(王文辉等,2019;王剑等,2011;刘静艳等,2016)。但因旅游发展而产生的社区生活环境改善、旅游地知名度提升、家乡自豪感等,也对居民相对剥夺感知具有一定的疏解作用(蔡克信、周洁,2023)。综上可以判定,在面对景区"让景于客"倡议之时,旅游地居民的热情好客品性、旅游收益感知(含经济与社会收益)必将促使其从态度与行为方面积极响应以欢迎自远方而来的游客,但

第五章 面向居民的"让景于客"倡议效用与影响机制研究

因旅游地超载所产生的相对剥夺感知也将弱化居民对景区"让景于客"倡议的支持度。基于上述分析,提出以下研究假设并构建本章研究理论模型(见图5-1)。

H5-1:居民品性对景区"让景于客"倡议效用具有正向显著影响;

H5-2:居民收益感知对景区"让景于客"倡议效用具有正向显著影响;

H5-3:居民相对剥夺感知对景区"让景于客"倡议效用具有负向显著影响。

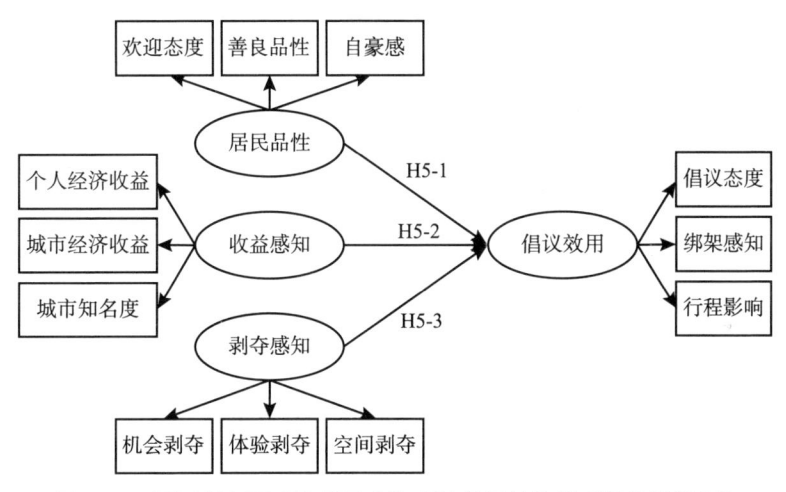

图5-1 居民视角下"让景于客"倡议效用结构关系假设模型M1

2. 研究假设验证分析

运用AMOS 24.0软件构建结构方程模型,并对模型的整体拟合度进行检验。结果表明,增加居民品性与剥夺感知、剥夺感知与收益感知、居民品性与收益感知之间的关系,可大幅提升模型拟合度。模型修订后,样本拟合指标χ^2/df值为2.866且位于理想参考值1~3范围,RMSEA值为0.078且小于理想参考值0.1,GFI、AGFI、NFI、IFI、CFI值均大于理想参考值0.9,表明结构方程模型M2拟合度较好。结构方程模型中,各变量之间的影响关系路径与影响程度如图5-2所示。

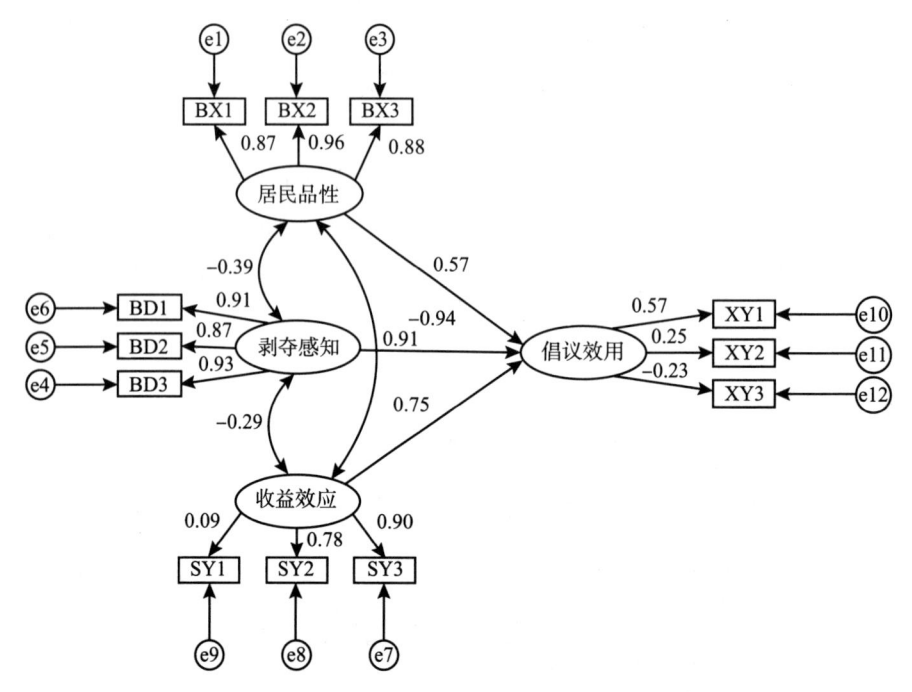

图 5-2 居民视角下"让景于客"倡议效用结构方程模型 M2

3. 居民视角下"让景于客"倡议效用的影响因素分析

景区"让景于客"倡议效用研究表明，倡议效用可分为内容效用和营销效用。因而，景区"让景于客"倡议效用的影响因素应涉及本地居民和旅游景区两个方面。

（1）居民品性。

旅游景区"让景于客"倡议的对象为本地区居民，因而居民品性对于景区倡议的态度与效用至关重要。居民具有纯朴、好客之品性，则一般会对自外地而来游客持欢迎态度，乐意让外地游客在本地游得尽兴，并会因外地游客对本地旅游吸引物的认可而产生强烈的自豪感。当城市旅游景区发出"让景与客"倡议之后，居民也自然而然地给予支持并产生相应的配合行为。本章研究从居民对游客的欢迎态度、是否愿意帮助游客、是否因游客到来而产生自豪感三个方面剖析本地居民品性。相关分析表明（见

表5-7），居民对景区"让景于客"倡议的态度与其对外地游客的欢迎态度、善良品性、自豪感等之间，均在显著性水平0.01上呈现正向显著相关关系。结构方程模型验证分析也表明（见表5-8），居民品性对其欢迎态度、善良品性、自豪感均在显著性水平0.001上正向显著影响；同时，H5-1"居民品性对景区倡议效用具有正向显著影响"在显著性水平0.05上正向显著影响（即H5-1成立），而且H5-1的标准化路径系数值为0.566。由此表明，居民品性是居民视角下"让景于客"倡议效用的重要影响因素，居民的欢迎态度、善良品性、自豪感是"让景于客"倡议效用的重要影响因子。

表5-7　　　　居民对景区倡议的态度与影响因素相关性分析

项目		居民品性			相对剥夺感知			收益感知		
		欢迎态度	善良品性	自豪感	空间剥夺	机会剥夺	体验剥夺	个人收益	城市收益	城市知名度
支持	Pearson相关性	0.193**	0.254**	0.268**	-0.255**	-0.200**	-0.197**	0.210**	0.295**	0.124*
	显著性（双侧）	0.000	0.000	0.000	0.000	0.000	0.000	0.000	0.000	0.024
	N	331	331	331	331	331	331	331	331	331

注：*、** 分别表示在0.05、0.01水平（双侧）上显著相关。

表5-8　　居民视角下"让景于客"倡议研究的结构关系模型验证分析结果

假设关系	影响路径	标准化参数估计值	验证结果
H5-1	居民品性对"让景于客"倡议效用	0.566*	正向显著影响
H5-2	居民收益感知对"让景于客"倡议效用	0.751**	正向显著影响
H5-3	居民剥夺感知对"让景于客"倡议效用	-0.937***	负向显著影响
	居民品性对欢迎态度	0.874***	正向显著影响
	居民品性对乐意提供	0.957***	正向显著影响

续表

假设关系	影响路径	标准化参数估计值	验证结果
	居民品性对自豪感	0.882***	正向显著影响
	居民收益感知对城市知名度	0.899***	正向显著影响
	居民收益感知对城市收益	0.783***	正向显著影响
	居民收益感知对个人收益	0.089	无显著影响
	居民剥夺感知对旅游机会	0.930***	正向显著影响
	居民剥夺感知对旅游体验	0.866***	正向显著影响
	居民剥夺感知对旅游空间	0.905***	正向显著影响

注：*、**、*** 分别表示在 0.05、0.01、0.001 水平上显著。

（2）居民旅游收益感知。

旅游业是综合性产业，必将带动旅游景区所在地区的经济发展与社会知名度的提升。旅游地居民也因地区或个人的经济收入增长以及旅游地的社会知名度提升等，选择包容旅游业发展所带来的诸多负面影响，进而自愿让渡自己的部分权益而支持旅游景区"让景于客"倡议以促进地区旅游业发展。本章研究从居民的个人收入、地方经济发展以及地方知名度提升三方面感知，评判居民旅游收益感知。相关分析（见表5-7）表明，居民对景区"让景于客"倡议的态度与其个人收入、城市收入、知名度等感知之间均在显著性水平0.05上存在正向显著相关关系。结构方程模型验证分析（见表5-8）显示，居民旅游收益感知对其城市经济收益、城市知名度提升均在显著性水平0.001上正向显著影响，居民旅游收益感知对其个人经济收益则在显著性水平0.05上并无显著影响；H5-2"居民收益感知对景区倡议效用具有正向显著影响"在显著性水平0.01上正向显著影响（即H5-2成立），H5-2的标准化路径系数值为0.751，路径系数绝对值介于H5-1与H5-3之间。综上表明，居民旅游收益感知是居民视角下"让景于客"倡议效用的重要影响因素，居民对城市经济收益、城市知名度提升感知是"让景于客"倡议效用的重要影响因子，而居民个人收益感

第五章 面向居民的"让景于客"倡议效用与影响机制研究

知并非倡议效用的影响因子。

（3）居民相对剥夺感知。

相对剥夺理论是经典社会心理学中的核心理论，在个体和群体心理失衡现象研究方面具有一定优势（Smith et al., 2012）。相对剥夺感知一般可从纵向和横向两个维度进行分析。外地游客大量进入居民所在城市旅游，必然会对城市居民的生活空间、交通等公共服务设施产生较多占用。同时，城市内部景区虽然地处本地居民惯常环境之内，但由于景区空间的封闭性或景区特殊时段的旅游吸引物更新，本地居民也对城市内部景区具有极强的旅游动机。因而，外地游客的大量进入及景区"让景于客"倡议，也将对本地居民产生旅游机会剥夺与体验剥夺。结合本章研究，居民纵向剥夺感知，即为居民通过游客到访前、后的活动空间对比而产生的剥夺感。横向剥夺感知一般分为个体横向剥夺感知和群体横向剥夺感知，个体横向剥夺感知涉及居民与居民之间的剥夺感知，本章研究暂未涉及；而群体横向剥夺感知包括居民与游客在市内旅游景区游览的机会感知与游览中的体验感知两个方面。

相关分析（见表5-7）表明，居民对景区"让景于客"倡议的态度与其空间、机会、体验等方面的相对剥夺感知在显著性水平0.01上存在负向显著相关关系。结构方程模型验证分析（见表5-8）也表明，居民相对剥夺感知对其旅游机会剥夺、旅游体验剥夺、旅游空间剥夺均在显著性水平0.001上正向显著影响；H5-3"居民相对剥夺感知对景区倡议效用具有负向显著影响"在显著性水平0.001上负向显著影响（即H5-3成立），H5-3的标准化路径系数值为-0.937，路径系数绝对值为本次三个研究假设的最高值。由此表明，居民相对剥夺感知是居民视角下"让景于客"倡议效用的核心影响因素，居民因外地游客大量进入而产生的生活空间、旅游机会、旅游体验质量等方面的相对剥夺感知，则会制约其响应景区"让景于客"倡议。

（4）景区吸引力。

受游客求新、求异旅游心理影响，旅游景区重游率一般较低。有调查表明，目前国内大部分旅游景区的重游率不足1%（张雪松，2017）。城市旅游景区与城市居民的生活空间毗邻，居民一般因对景区熟悉而不愿重游，当面对景区"让景于客"倡议时则多选择支持。如景区旅游吸引物常变常新且契合本地居民需求，则会激发本地居民的重游意愿。本案例中，"西安年·最中国"作为西安主打春节文化IP，多个景区每年春节均会结合传统与地方文化以及科技等元素推出不同主题的旅游活动，如传统仪式、演艺、灯会、诗词、焰火、美食等，以营造喜庆、祥和、热闹、温馨、祈福的中国传统新年氛围，吸引全国人民争相前来沉浸体验。西安城墙、大唐芙蓉园、大唐不夜城、长安十二时辰等也成为众多西安居民的春节必须"打卡"之地。如西安市民张女士表示"全家人团聚一起看西安城墙灯会，才有过年的感觉"①。西安市民马先生表示"小时候对过年最深刻的记忆就是赏花灯，今年的（西安城墙）花灯更加精美，全家人都出动一起感受这份热闹和喜庆"②。因而，在新增旅游吸引物背景下的景区"让景于客"倡议，反而会转变为对本地居民的吸引力，表现为营销效用大于内容效用。

4. 居民视角下"让景于客"倡议效用的影响机制分析

综上影响因素分析可以看出，在居民端，居民品性是景区"让景于客"倡议效用的内部核心因素，从根本上决定居民是否支持景区倡议。而本地居民的相对剥夺感知与收益感知则属于景区倡议效用的外部核心因素，在景区倡议之后对本地居民的支持态度和具体行为发挥重要影响作用。三大因素对"让景于客"倡议效用的影响程度表现为"居民相对剥夺感知＞居民收益感知＞居民品性"；基于各因素与"让景于客"倡议效用、具体影响因子之间的标准化路径系数，计算各影响因子对"让景于客"倡议效用的综合路径系数，如表5-9所示，居民欢迎态度等8个影响因子均对"让景于客"倡议效用产生强显著影响。

---

① 西安城墙：中国年味的正确打开方式［EB/OL］. 界面新闻，2023-02-03，https：//www.jiemian.com/article/8839785.html.
② 新春走基层｜登城墙、赏花灯、听秦腔，追寻古城里的"年味儿"［EB/OL］. 2023-01-28，https：//baijiahao.baidu.com/s? id=1756255688587998072&wfr=spider&for=pc.

第五章　面向居民的"让景于客"倡议效用与影响机制研究

表5-9　居民视角下影响因素对"让景于客"倡议效用的影响程度

影响因素	作用路径	综合路径系数	影响程度
居民品性	居民欢迎态度对"让景于客"倡议效用	0.4947	强显著影响
	居民善良品性对"让景于客"倡议效用	0.5417	强显著影响
	居民自豪感对"让景于客"倡议效用	0.4992	强显著影响
居民收益感知	居民城市知名度提升感知对"让景于客"倡议效用	0.6751	强显著影响
	居民城市收益感知对"让景于客"倡议效用	0.5880	强显著影响
居民剥夺感知	居民旅游机会剥夺感知对"让景于客"倡议效用	-0.8714	强显著影响
	居民旅游体验剥夺感知对"让景于客"倡议效用	-0.8114	强显著影响
	居民空间剥夺感知对"让景于客"倡议效用	-0.8480	强显著影响

在景区端，旅游景区吸引力强弱则决定着居民对景区"让景于客"倡议的响应维度。旅游景区吸引力较之前增强，则景区"让景于客"倡议效用主要体现于营销效用；景区吸引力较之前不变或减弱，则景区倡议效用主要体现于内容效用。旅游景区"让景于客"倡议效用的形成机制如图5-3所示。

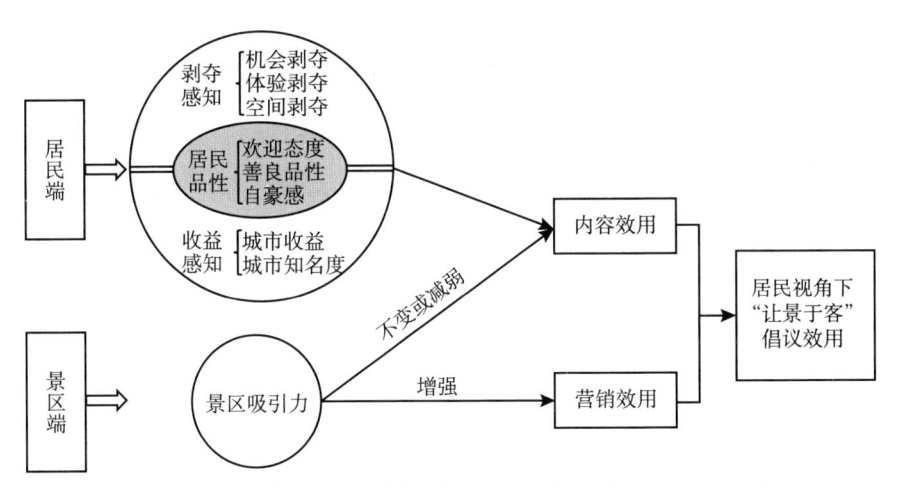

图5-3　居民视角下旅游景区"让景于客"倡议效用的影响机制

四、游客视角下"让景于客"倡议的效用与影响机制分析

(一) 游客视角下景区"让景于客"倡议的效用分析

1. 游客对"让景于客"倡议的态度分析

旅游倡议知晓情况调查显示,在"文明旅游""低碳旅游""诚信经营""让景于客"等旅游倡议之中,游客对于"让景于客"倡议的知晓率最低,知晓率仅为43.51%。然而,在知晓"让景于客"倡议之后,游客对于"让景于客"倡议实施的支持率高达76.55%,明确表明不支持此倡议的游客仅占4.59%(见表5-10)。由此表明,相较其他旅游倡议,"让景于客"倡议传播范围较小,而在知晓之后多数游客支持"让景于客"倡议,表明游客对于"让景于客"倡议的价值具有较高认同。

表5-10 游客视角下景区"让景于客"倡议效用统计

效用维度	选项	人次(人)	百分比(%)	效用维度	选项	人次(人)	百分比(%)
倡议态度	不支持	57	4.59	居民配合感知	不配合	75	6.04
	中立	234	18.86		无感	468	37.71
	支持	950	76.55		很配合	698	56.24
解决拥挤问题认知	未解决	168	13.54	心理反应	未变化	66	5.31
	无感	330	26.59		无感	234	18.86
	解决	743	59.87		暖心	941	75.83
心理距离	未变化	39	3.15	旅游意愿	不认同	54	4.35
	无感	189	15.23		无感	243	19.58
	亲近	1013	81.63		认同	944	76.07

资料来源:依据问卷调查结果处理。

2. 游客视角下"让景于客"倡议的效用分析

基于本地居民视角探究景区"让景于客"倡议效用发现,景区倡议实际将产生内容效用和营销效用。因而,此处基于游客视角探究景区"让景于客"倡议效用继续从内容效用与营销效用两个维度展开。

(1) 倡议内容效用分析。

景区"让景于客"倡议的内容效用研究,从游客对"让景于客"倡议发布后的本地居民配合情况和解决景区拥挤问题的效果两方面感知展开。调查结果(见表5-10)显示,在本地居民对"让景于客"倡议的配合感知方面,56.24%的游客认为本地居民非常配合景区倡议,仅有6.04%的游客认为本地居民对"让景于客"倡议的配合度不高;在"让景于客"倡议效应方面,59.87%的游客认为"让景于客"倡议能够有效解决旅游地客流拥挤问题,但也有13.54%的游客认为"让景于客"倡议并不能有效解决当前的拥挤问题。由此表明,游客对于"让景于客"倡议的效应总体上持乐观态度,认为本地居民能够配合"让景于客"倡议并可有效解决当下旅游地拥挤问题。

(2) 倡议营销效用分析。

本章研究从游客对"让景于客"倡议的心理反应、心理距离、倡议态度和旅游意愿四个方面,探究"让景于客"倡议的营销效用。调查结果显示(见表5-10),75.83%的游客看到景区"让景于客"倡议发布后心里感觉很有爱、很暖心,且有81.63%的游客认为"让景于客"倡议拉近了自己与旅游地之间的心理距离,而对于"让景于客"倡议无心理感受的群体仅占3%~5%。同时,由于"让景于客"倡议拉近了游客与旅游地之间的心理距离,76.07%的游客表明有意愿前往开展"让景于客"倡议的景区开展旅游活动。由此表明,"让景于客"倡议对旅游地(景区)具有较高的营销效用,不仅让游客对旅游地(景区)产生极强的心理认同,同时也极大地激发了游客的旅游意愿。

综上内容与营销两方面倡议效用分析表明,游客认为旅游地(景区)发布"让景于客"倡议可同时产生内容效用和营销效用。虽然游客视角下

"让景于客"倡议的内容效用一般,但倡议所产生的营销效用却极好。而且,由于倡议面向社会全面发布,"让景于客"倡议所产生的放大效应更是不可估量。总体而言,游客视角下"让景于客"倡议的营销效用远大于其内容效用。

(二) 游客视角下"让景于客"倡议效用的影响机制分析

1. 研究假设与理论模型构建

研究表明,旅游体验是旅游者与其当下旅游情境深度融合过程中所获得的身心感受,是一种综合性互动过程(谢彦君,2015)。居民作为旅游地体系的重要构成,其精神面貌、生活态度等不同程度地影响游客的心理感知和旅游地形象。而由地方认同、公共秩序、奉献精神等5个方面构成的居民旅游亲和力,既是游客旅游体验质量的关键,也是旅游地发展的核心竞争力(王艳、郭清霞,2017)。但因游客与旅游地居民之间交流地位的不平等,游客对于旅游地居民的综合感知受其个体及群体的认知能力、感知水平等微观因素影响(刘军胜、马耀峰,2016)。由于旅游地相关信息也是游客旅游情境中的重要构成,旅游地相关网络评论内容对游客风险感知、旅游目的地形象认知、旅游行为意向等均具有显著影响(陈士超等,2024;陈雪等,2023;Jalilvand,2012)。

效果层次模型(Hierarchy of Effects Models,HOE)认为,消费者在外界信息刺激下会产生认知阶段、情感阶段和意愿阶段三个层次的心理反应(Lavidge,1961)。旅游地(景区)发布"让景于客"倡议,既是对倡议客体(本地居民)的行为规范建议,同时也是旅游地重要信息的对外传播。因而,"让景于客"倡议不仅对旅游地居民的感知、行为产生影响,同时也是游客认知旅游地的重要信息内容。而本地居民因"让景于客"倡议而产生的感知、权益、心理等变化,以及因本地居民配合而优化的旅游地体验环境等,则不仅是游客综合认知旅游地的新内容,同时也在"共情心理"驱使下成为游客对旅游地情感升华的触发点,进而对其旅游意愿产生显著影响。基于上述认知,提出以下研究假设并构建游客视角下"让景于客"倡议效用理论模型（见图5-4）。

H5-4：游客对景区倡议内容的感知正向显著影响"让景于客"倡议效用；

H5-5：游客对景区倡议客体的感知正向显著影响"让景于客"倡议效用；

H5-6：游客人口学特征正向显著影响"让景于客"倡议效用。

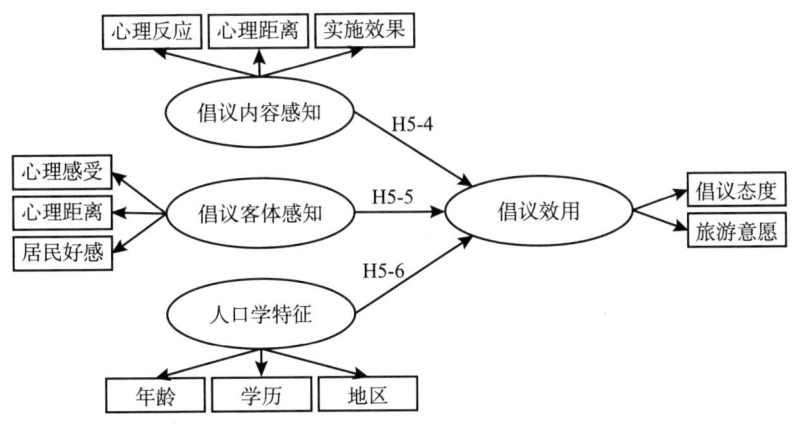

图5-4 游客视角下"让景于客"倡议效用结构关系假设模型M1

2. 研究假设验证分析

运用AMOS 24.0软件构建结构方程模型，并将假设结构方程模型M1与"让景于客"倡议的游客调研数据进行拟合度检验。检验结果表明，假设结构方程模型M1的大部分拟合指标均未达到理想状态，因而对假设结构方程模型做进一步修正。

由AMOS输出报表中的修正指数可以看出，景区倡议的游客内容感知、倡议客体感知、人口学特征之间存在较高的修正指数；游客倡议内容感知因素中的心理反应与倡议实施效果、心理距离与实施效果之间存在较高的修正指数，游客倡议客体感知因素中的居民配合与居民利益、居民利益与居民好感之间存在较高的修正指数，倡议效用中的倡议态度与旅游意愿之间存在较高的修正指数。建立上述潜变量之间的联系可以有效降低结构方程模型的卡方统计量并提升该模型的显著性水平,理论分析也确认上述变量之间存在相关关系,因而尝试在上述变量间建立关联形成新的结构方程模型 M2（见图5-5）。结构方程模型 M2 的样本拟合指标 χ^2/df 值为 1.993 且位于理想参考值 1~3 范围,RMSEA 值为 0.063 且小于理想参考值 0.1,GFI、AGFI、NFI、IFI、CFI 值均大于理想参考值 0.9,表明结构方程模型 M2 拟合度较好。结构方程模型 M2 各变量之间的影响关系路径与影响程度如图 5-5 所示。

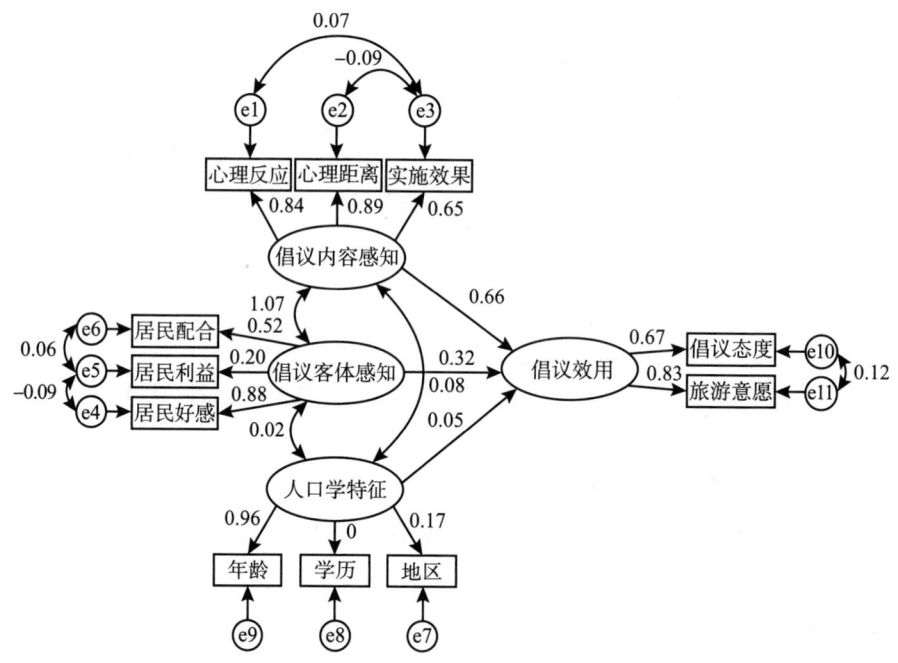

图 5-5　游客视角下"让景于客"倡议效用结构关系假设模型 M2

3. 游客视角下"让景于客"倡议效用的影响因素分析

（1）游客对倡议内容的感知分析。

游客是倡议内容的认知主体。相关分析（见表 5-11）显示,游客对"让景于客"倡议内容所产生的心理反应、心理距离、倡议实施效应感知与其对倡议的态度、今后的旅游意愿等之间在显著性水平 0.01 上呈现正向

第五章 面向居民的"让景于客"倡议效用与影响机制研究

显著相关关系；结构方程模型验证分析结果（见表5-12）也表明，游客对倡议内容的感知对其心理反应、心理距离、倡议实施效应感知均在显著性水平0.001上正向显著影响。同时，H5-4"游客的倡议内容感知对让景于客倡议效用"在显著性水平0.001上正向显著影响（即H5-4成立），而且H5-4的标准化路径系数值为0.660，是H5-4、H5-5、H5-6中路径系数最高值。由此表明，游客的倡议内容感知是游客视角下"让景于客"倡议效用的核心影响因素，游客的心理反应、心理距离、实施效应感知是"让景于客"倡议效用的重要影响因子。

表5-11 游客视角下"让景于客"倡议效用与影响因素相关性分析

<table>
<tr><th colspan="2">项目</th><th colspan="3">倡议内容感知</th><th colspan="3">倡议客体感知</th><th colspan="3">人口学特征</th></tr>
<tr><td colspan="2"></td><td>心理反应</td><td>心理距离</td><td>实施效应</td><td>居民配合</td><td>居民利益</td><td>居民好感</td><td>年龄</td><td>学历</td><td>区域</td></tr>
<tr><td rowspan="3">倡议态度</td><td>Pearson相关性</td><td>0.667**</td><td>0.512**</td><td>0.524**</td><td>0.474**</td><td>0.092**</td><td>0.585**</td><td>0.129**</td><td>-0.128**</td><td>0.078**</td></tr>
<tr><td>显著性（双侧）</td><td>0.000</td><td>0.000</td><td>0.000</td><td>0.000</td><td>0.001</td><td>0.000</td><td>0.000</td><td>0.000</td><td>0.006</td></tr>
<tr><td>N</td><td>1241</td><td>1241</td><td>1241</td><td>1241</td><td>1241</td><td>1241</td><td>1241</td><td>1241</td><td>1241</td></tr>
<tr><td rowspan="3">旅游意愿</td><td>Pearson相关性</td><td>0.675**</td><td>0.745**</td><td>0.592**</td><td>0.378**</td><td>0.160**</td><td>0.765**</td><td>0.070*</td><td>-0.116**</td><td>0.023*</td></tr>
<tr><td>显著性（双侧）</td><td>0.000</td><td>0.000</td><td>0.000</td><td>0.000</td><td>0.000</td><td>0.000</td><td>0.013</td><td>0.000</td><td>0.011</td></tr>
<tr><td>N</td><td>1241</td><td>1241</td><td>1241</td><td>1241</td><td>1241</td><td>1241</td><td>1241</td><td>1241</td><td>1241</td></tr>
</table>

注：*、**分别表示在0.05、0.01水平（双侧）上显著相关。

表5-12 游客视角下"让景于客"倡议研究结构关系模型验证分析结果

假设关系	影响路径	标准化参数估计值	验证结果
H5-4	游客的倡议内容感知对"让景于客"倡议效用	0.660***	正向显著影响
H5-5	游客的倡议客体感知对"让景于客"倡议效用	0.321**	正向显著影响

续表

假设关系	影响路径	标准化参数估计值	验证结果
H5-6	游客人口学特征对"让景于客"倡议效用	0.055*	正向显著影响
	游客的倡议内容感知对其心理反应	0.843***	正向显著影响
	游客的倡议内容感知对其心理距离	0.887***	正向显著影响
	游客的倡议内容感知对倡议实施效果	0.647***	正向显著影响
	游客的倡议客体感知对居民倡议配合	0.517***	正向显著影响
	游客的倡议客体感知对居民利益剥夺	0.202***	正向显著影响
	游客的倡议客体感知对居民好感	0.882***	正向显著影响
	游客人口学特征对其年龄	0.964	无显著影响
	游客人口学特征对其学历	-0.001	无显著影响
	游客人口学特征对其来源地区	0.173***	正向显著影响

注：*、**、*** 分别表示在 0.05、0.01、0.001 水平上显著。

（2）游客对倡议客体的感知分析。

本地居民是"让景于客"倡议的客体。相关分析（见表5-11）显示，游客对"让景于客"倡议客体感知中的居民配合认知、居民利益剥夺认知、居民好感与其对倡议的态度、今后的旅游意愿之间，在显著性水平0.01上呈现正向显著相关关系；结构方程模型验证分析结果（见表5-12）也表明，游客倡议客体感知对其居民配合认知、居民利益剥夺认知、居民好感均在显著性水平0.001上正向显著影响。H5-5"游客的倡议客体感知对"让景于客"倡议效用"在显著性水平0.01上正向显著影响（即H5-5成立），H5-5的标准化路径系数值为0.321，介于H5-4与H5-6之间。综上表明，游客的倡议客体感知是游客视角下"让景于客"倡议效用的重要影响因素，游客的居民配合认知、居民利益剥夺认知、居民好感是"让景于客"倡议效用的重要影响因子。

(3) 游客人口学特征。

相关分析（见表 5 – 11）显示，游客人口学特征中的年龄、区域与其对倡议的态度、今后的旅游意愿之间在显著性水平 0.05 上呈现正显著相关关系，游客的学历与其对倡议的态度、今后的旅游意愿之间在显著性水平 0.01 上呈现负显著相关关系；结构方程模型验证分析结果（见表 5 – 12）表明，游客人口学特征对其年龄、学历均在显著性水平 0.05 上并不存在显著影响，游客人口学特征对其来源区域在显著性 0.001 上正向显著影响。H5 – 6"游客人口学特征对'让景于客'倡议效用"在显著性水平 0.05 上正向显著影响（即 H5 – 6 成立），H5 – 6 的标准化路径系数值为 0.055。综上表明，游客人口学特征是游客视角下"让景于客"倡议效用的重要影响因素，游客来源地区是"让景于客"倡议效用的重要影响因子。

4. 游客视角下"让景于客"倡议效用的形成机制分析

综上游客视角下"让景于客"倡议效用分析可以看出，"让景于客"倡议内容效用的本质是游客对于倡议实施效果的感知，并非游客对于倡议内容的响应。因而，游客视角下"让景于客"倡议的效用仅体现于倡议的营销效用方面。由倡议效用的影响因素分析可得，游客视角下"让景于客"倡议效用受游客倡议内容感知、倡议客体感知、人口学特征三个因素正向显著影响，各因素对"让景于客"倡议效用的影响程度表现为"倡议内容感知＞倡议客体感知＞人口学特征"。

基于各因素与倡议效用、具体影响因子之间的标准化路径系数，计算各影响因子对"让景于客"倡议效用的综合路径系数，如表 5 – 13 所示。依据影响因子对"让景于客"倡议效用的综合路径系数值，将各因子的影响度划分为"强、中、弱"显著影响三个层次（路径系数绝对值≥0.5 为强显著影响，路径系数绝对值介于 0.1 ~ 0.4999 为中显著影响，路径系数绝对值＜0.1 为弱显著影响）。其中，游客心理反应与心理距离对"让景于客"倡议效用产生正向强显著影响，游客对倡议实施效应感知、居民配合度、居民好感对"让景于客"倡议效用产生正向中显著影响，游客对居民利益剥夺感知、游客来源地区对"让景于客"倡议效用产生正向弱显著影响。游客视角下"让景于客"倡议效用形成机制如图 5-6 所示。

表 5-13　游客视角下各因素对"让景于客"倡议效用的影响程度

影响因素	作用路径	综合路径系数	影响程度
倡议内容感知	游客心理反应对"让景于客"倡议效用	0.5564	强显著影响
	游客心理距离对"让景于客"倡议效用	0.5854	强显著影响
	游客实施效应感知对"让景于客"倡议效用	0.4270	中显著影响
倡议客体感知	游客居民配合认知对"让景于客"倡议效用	0.1660	中显著影响
	游客居民利益剥夺感知对"让景于客"倡议效用	0.0648	弱显著影响
	游客居民好感对"让景于客"倡议效用	0.2831	中显著影响
人口学特征	游客来源地区对"让景于客"倡议效用	0.0095	弱显著影响

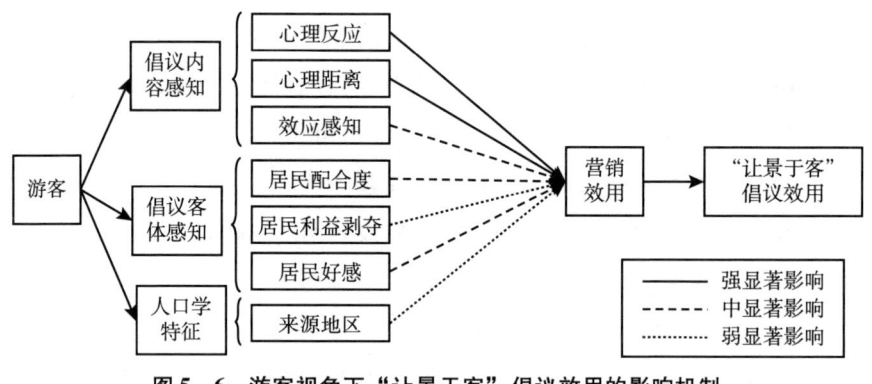

图 5-6　游客视角下"让景于客"倡议效用的影响机制

五、本章研究结论与建议

(一) 研究结论

基于面向本地居民与游客的调研数据，本章研究分别从居民视角与游客视角剖析"让景于客"倡议效用，探究倡议效用的影响因素与作用机制，得出如下研究结论。

1. 倡议客体与受益群体普遍支持"让景于客"倡议

本章研究表明，"让景于客"倡议虽然在案例地具有较高的传播率和认知度，但在全国范围内却知晓率较为有限，远低于"文明旅游"和"低碳旅游"倡议。然而，在知晓倡议内容之后，案例地居民和游客对于"让景于客"倡议的支持率分别高达91.84%和76.55%。由此表明，倡议客体与受益群体均非常认同"让景于客"倡议价值，并对"让景于客"倡议普遍持支持态度。

2. 旅游地"让景于客"倡议同时产生内容效用与营销效用，且营销效用大于内容效用

本章研究表明，18.43%的本地居民响应并遵从"让景于客"倡议内容而不前往景区游览，但有40.79%的被调查者受倡议影响而改变既定计划前往景区体验；56.24%的游客认为本地居民非常配合景区倡议，76.07%的游客因"让景于客"倡议而产生旅游意愿。综上表明，旅游地"让景于客"倡议实际将产生内容效用和营销效用，且无论是居民视角还是游客视角，"让景于客"倡议的营销效用均大于内容效用。

3. 居民品性、收益感知、相对剥夺感知显著影响"让景于客"倡议的内容效用

本章研究表明，居民品性与收益感知正向显著影响"让景于客"倡议的内容效用，而居民相对剥夺感知则负向显著影响"让景于客"倡议的内容效用，且各因素对倡议效用的影响程度表现为"居民相对剥夺感知＞居民收益感知＞居民品性"。而居民对游客的欢迎态度、善良品性、自豪感、城市经济收益感知、城市知名度提升感知、生活空间剥夺、旅游机会剥夺、旅游体验质量剥夺等，则是"让景于客"倡议内容效用的重要影响因子（见图5-7）。

旅游倡议：内涵、效用与影响机制

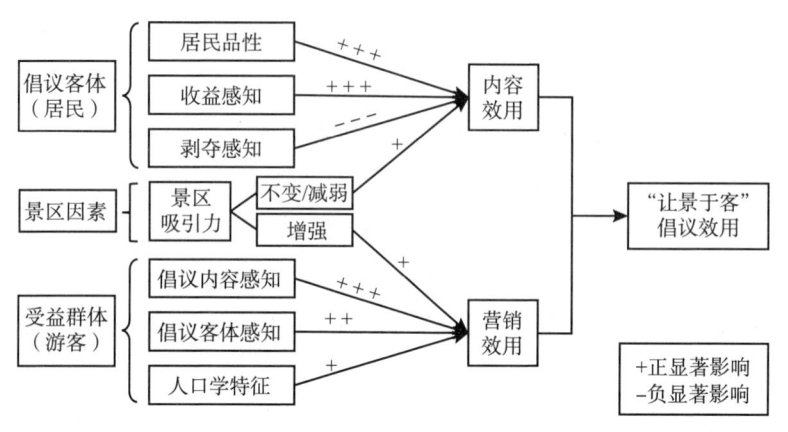

```
                      居民品性  +++
    倡议客体          收益感知  +++      内容
    （居民）          剥夺感知  ---      效用
                                   +
                       景区   不变/减弱         "让景于客"
    景区因素          吸引力                   倡议效用
                            增强
                                           +
                     倡议内容感知  +++      营销
    受益群体          倡议客体感知  ++       效用
    （游客）          人口学特征   +                +正显著影响
                                                  -负显著影响
```

图 5-7　旅游景区"让景于客"倡议效用的影响机制

4. 游客的倡议内容感知、倡议客体感知与人口学特征显著影响"让景于客"倡议的营销效用

本章研究表明，游客对倡议的内容感知、倡议客体感知及其人口学特征均正向显著影响"让景于客"倡议的营销效用，且各因素对倡议效用的影响程度表现为"倡议内容感知>倡议客体感知>人口学特征"。而游客心理反应、心理距离、实施效应感知、居民配合度、居民好感、居民利益剥夺感知、游客来源地区等，则是"让景于客"倡议营销效用的重要影响因子（见图 5-7）。

5. 景区吸引力变化调节"让景于客"倡议的效用维度

本章研究表明，景区吸引力作为两大利益主体之外的影响因素，其吸引力的强弱变化显著影响居民前往景区的游览意愿，即景区吸引力较之前不变或减弱，则居民前往景区游览意愿较弱，"让景于客"倡议的效用表现为内容效用；相反，则表现为营销效用（见图 5-7）。

（二）"让景于客"倡议效用提升建议

在旅游季节性特征与现行假日制度双重背景下，旅游景区超载运营、旅游者体验质量不佳、旅游地居民不堪其扰等，几乎已成为"黄金周"期间旅游市场的常态。基于此现状，"让景于客"倡议也就成为地方旅游管

第五章 面向居民的"让景于客"倡议效用与影响机制研究

理部门或旅游景区在特殊时段调控旅游市场的重要举措。本章研究基于本地居民与游客视角探究倡议效用,结果表明,当前"让景于客"倡议具有较高的内容效用与营销效用,旅游地(景区)今后可继续在特殊时段面向社会发布"让景于客"倡议。为有效提升"让景于客"倡议效用,促进文旅产业高质量可持续发展,特提出如下建议。

1. "让景于客"倡议发布应与时俱进选择全国性流行传播媒介

虽然"让景于客"倡议发布对象为本地居民,但与时俱进选择全国性流行传播媒介,则可实现"让景于客"倡议内容的快速、广泛传播,以便本地居民及时知晓并身体力行倡议内容(即内容效用),同时"让景于客"倡议也可大幅提升旅游地知名度、增强外地游客对旅游地的情感认同,实现倡议的营销效用。

2. "让景于客"倡议内容适用时段应短暂且限定于节假日

由于"让景于客"倡议背后是对本地居民旅游、休闲、生产、生活等权益的干涉或剥夺,因而发布倡议内容的适用时段应尽量短暂以兼顾本地居民诸多权益。同时,倡议内容适用时段应限定于节假日,而非整个旅游旺季。由于区域旅游旺季一般持续 3~6 个月,长时间的"让景于客、让路于客"倡议必将对广大本地居民的生产、生活产生极大影响,引发本地居民不满致使倡议效用不佳。

3. 共享旅游发展成果,提升居民与城市旅游发展的命运共同体意识

"让景于客"倡议发布之后,可大幅提升外地游客对旅游地的情感认同。但如果本地居民不配合倡议内容,则必然大幅拉低外地游客对旅游地的综合感知,进而形成倡议负效应。因而,旅游地(景区)必须与本地居民共享旅游发展成果,培育或提升居民与城市旅游发展的共同体意识。由于本地居民对"让景于客"倡议的响应态度与行为,受居民品性和居民的收益感知、相对剥夺感知等因素影响。因而,培育、提升居民与城市旅游发展共同体意识,不仅应共享旅游经济红利,通过增加居民经济收益、改善生活空间与生活品质等增强本地居民包容度。同时,也应采取开放政策与居民共享区域旅游发展信息,逐步强化居民的区域认同感与自豪感。

4. 景区吸引力增强背景下，适度补偿可提升本地居民的倡议配合度

旅游景区吸引物更新，对本地居民也将产生极强的吸引力，如西安每年春节假期期间均会推出多主题、多场次的"西安年·最中国"节庆活动。在景区吸引力增强背景下，"让景于客"倡议中应清晰表达倡议时段结束之后面向本地居民的优惠政策，即"有始、有终、有补偿"。如此，方可有效提升本地居民对倡议的配合度，实现优化客流结构、增加旅游地客流之目标。

5. "让景于客"倡议是权宜之策，应从根本上提升旅游地综合承载力

"让景于客"倡议是旅游地（景区）在既有设施、服务、空间等有限背景下所做出的权宜之策。从长远计，应依据旅游地（景区）发展态势，科学系统地规划旅游地资源、设施、服务、空间等，从根本上解决旅游地承载力不足问题。

（三）讨论

本章研究在既有研究对"让景于客"倡议关注不足背景下，基于面向居民与游客的问卷调查数据，运用科学研究方法揭示"让景于客"倡议效用、阐明"让景于客"倡议的影响因素与形成机制，可科学指导旅游地高效发挥"让景于客"倡议效用，以优化旅游地客流结构与旅游环境，提升游客旅游体验质量与满意度，实现地区旅游业高质量可持续发展。但本章研究中，游客视角研究数据源于全国各地游客的问卷调查，调查对象并非全部对"让景于客"倡议效果具有切身体验，致使游客视角下"让景于客"倡议的内容效用评价不足以反映游客的全部真实体验。另外，多克塞（Doxey，1975）愤怒指数理论表明旅游地居民态度伴随旅游业发展呈现"欣喜—冷漠—愤怒—对抗"变化特征，而本章研究则是基于单一案例地、当前发展阶段探究景区倡议的居民响应，今后尚需结合多案例地、多发展阶段进一步系统探究居民视角下的景区倡议效用与作用机制。

第六章

面向旅游从业者的诚信经营倡议效用与影响机制研究

诚信，即诚实守信，出自《礼记·祭统》"是故贤者之祭也，致其诚信，与其忠敬"。诚信属于道德范畴，强调人们要内外兼修，"内诚于心、外信于人"是中华民族的重要行为规范和道德品质。即使以实现利润为目标的商业活动，也应将诚信列为核心经营信条。旅游业本质上也属于综合性商业活动，但其价值并非局限于对区域经济发展的贡献，旅游业更主要、更深层次的价值则是体现于对游客旅游需求的满足。因而，诚信经营既是旅游地经济效益持续化的根本保障，也是旅游地人文环境的重要构成，是游客旅游地体验的重要内容和综合体验质量的保障，是旅游业这一"幸福产业"能否让人民群众真正感受"幸福"的核心影响因素，是旅游业可持续发展的道德底线（徐东文等，2007）。

虽然诚信经营对于旅游地、游客、从业者以及旅游业而言意义重大，但诸如零团费、价格欺诈、假冒伪劣产品、虚假宣传、强买强卖、违背合同、降低服务质量与标准等旅游业诚信缺失问题仍屡见不鲜，某些区域甚至出现旅游信任危机，影响广大游客的旅游体验质量与满意度。为此，国家、地方旅游管理部门除在依据《中华人民共和国旅游法》治理旅游行业违法行为之外，每年仍不遗余力地面向旅游从业者开展诚信经营倡议以共筑旅游诚信体系。

由全国旅游行业诚信经营倡议统计（见表6-1）可以看出，诚信经营倡议的主体涉及政府部门、行业组织和旅游企业,其中行业组织发布的诚信经营倡议最多。从倡议主题与内容来看,早期诚信经营倡议多融合于文明旅游倡议之中,只是在近年来才出现专项的诚信经营倡议。如第四章所述,文明旅游中的"文明"应为"文明礼仪"的简称,而诚信经营的"诚信"却属于道德层面内容,文明旅游与诚信经营融合发布似有不妥。而且,文明旅游与诚信经营倡议两者融合发布也存在旅游倡议客体多元、倡议内容繁杂、倡议发布媒介选择有效性不足等问题。在信息碎片化的网络传媒时代,文明旅游倡议与诚信经营倡议融合发布难以获得倡议客体的有效关注与响应。基于上述考虑,本书研究选择将旅游行业的诚信经营倡议单列讨论。

表6–1　　　　　　　　国内旅游行业诚信经营倡议汇总

	倡议主体	倡议内容	发布时间
政府部门	中央文明办和国家旅游局	规范经营,诚信经营,做文明旅游从业者	2011年5月10日
	郴州市文明办和市文化旅游广电体育局	遵德守礼,文明出游。诚实守信,文明经营	2019年10月1日
	河南省文明办、省文化和旅游厅	遵德守礼,文明出游;防范风险,安全出游;文明服务*,绿色出游	2021年9月29日
	南宁市文化广电和旅游局	遵德守礼,文明出游。遵法守规,安全出游。行业自律*,文明引导	2023年4月28日
	上海市虹口区文化和旅游局	履行社会责任,营造诚信经营良好风气	2023年10月1日
	北京市文化和旅游局	履职尽责、诚信经营。诚信服务、热情周到	2023年12月27日
行业组织	中国旅游协会及各专业协会	文明旅游,诚信经营	2013年7月15日
	全国旅游行业协会	文明旅游,行业自律*	2015年3月29日
	昌都市旅游行业协会	遵纪守法,信守合同;规范经营,标准服务;文明经营,诚信服务*	2022年5月1日

第六章　面向旅游从业者的诚信经营倡议效用与影响机制研究

续表

倡议主体		倡议内容	发布时间
行业组织	丽江市文化和旅游局、市旅游协会	文明建设，诚信建设	2022年7月11日
	海南省旅游协会、省旅行社协会	规范经营、诚信服务*	2023年3月20日
	广西旅游协会	诚信经营	2023年4月7日
	丽江市文化和旅游局、市旅游协会	诚信经营，优质服务	2023年4月26日
	武汉酒店行业协会	诚信经营	2023年4月27日
	哈尔滨市旅游协会	诚实守信，依法经营；优质服务，文明经营；强化自律，安全经营	2023年11月27日
旅游企业	11个全国文明风景旅游区	文明旅游、诚信经营	2006年4月27日
	连云港市花果山风景区	诚信服务、文明旅游	2007年9月25日
	中国旅游景区协会	营造安全文明诚信旅游环境	2019年7月9日

注：*内容实际均为"诚信经营"。
资料来源：笔者通过网络搜集、整理。

一、旅游行业诚信经营倡议概述

诚信经营倡议最早可追溯至中国古代的商业伦理，如"诚信为本、买卖公平、童叟无欺"等传统经营美德。伴随中国市场经济的快速发展与消费者权益保护的重视，诚信经营倡议再次被广泛关注并应用。

旅游行业健康可持续发展离不开旅游从业者的诚信经营，为此国家和地方管理部门出台系列法律规范指导旅游行业诚信经营。例如，《国务院关于加快发展旅游业的意见》中指出，"加强旅游诚信体系建设，开展诚信旅游创建活动"；2013年国务院办公室发布的《国民旅游休闲纲要（2013—2020）》第（八）条，提出"倡导诚信旅游经营，加强行业自律"；2013年颁布，并经2016年、2018年两次修订的《中华人民共和国旅游法》第六条，明确指出"旅游经营者应当诚信经营，公平竞争"，并在第四章旅游经营部分对诚信经营行为作出明确规定；2016年8月，由国家旅游局发布并实施的《中国旅游业诚信建设纲要》，为中国旅游业诚信体系建设提出了目标和具体措施；2023年9月，国务院办公厅印发《关于释放旅游消费潜力推动旅游业高质量发展的若干措施》，其中第（二十三）条提出"建设文化和旅游领域诚信体系"；同月，国家文旅部发布《全国文化和旅游市场信用体系建设报告》，指出"文化和旅游市场信用体系是社会信用体系的重要组成部分，在健全现代文化和旅游市场体系、助推行业高质量发展中发挥着基础性作用"，报告同时对全国文旅市场信用体系建设成效、面临形势及前景进行了系统性分析。

在国家与地方政府高度重视旅游行业诚信经营问题背景下，诚信经营倡议也多次出现于大众视野之中。依据现有资料，国内最早旅游行业诚信经营倡议应始于2006年"五一黄金周"前夕，是由11个全国文明风景旅游区面向全国发布的"迎奥运、讲文明、树新风"共同行动倡议，并在倡议中具体提出"文明旅游、诚信经营"建议。此后，旅游管理部门或行业组织每年或旅游旺季均会面向旅游企业、旅游从业者发布诚信经营倡议（见表6-1）。2024年发布的国家标准《旅游景区质量等级划分》（GB/T 17775—2024）中，诚信经营被列为旅游景区等级划分的前提条件之一。

综上旅游行业诚信经营倡议的发布背景与内容，在此对旅游行业诚信经营倡议进行概念界定。旅游行业诚信经营倡议，是指旅游管理部门或行业组织等管理主体，基于旅游行业运营现状、旅游地形象与游客综合体验需求、旅游业可持续发展需求等考虑，面向区域内的旅游企业管理者、旅游经营者、员工等旅游从业者，发布的旅游经营规范、道德理念、价值观等方面的公开性建议。诚信经营倡议，是旅游地管理体系的重要构成，是对现行旅游法律、规范管理的有机补充，是提升旅游从业者认知层次与转变经营理念的根本性举措。

二、旅游行业诚信经营研究文献综述

WOS（web of science）检索显示，国外诚信经营研究主要关注企业诚信经营价值（Joseph，2001）和信用评估与测量（Zainal，2019），但极少涉及旅游企业的诚信研究。中国知网检索显示，国内学者主要关注旅游业诚信经营的内涵、失信原因、影响因素、评价体系及对策等方面。

（一）旅游业诚信经营的内涵与价值研究

姚延波等（2014）认为，旅游企业诚信是旅游企业对股东、员工、供应商、顾客、政府、社区等内外部利益相关者，履行契约、兑现承诺的实际行为与动态过程，由规范诚信、能力诚信和情感诚信三个递进维度构成。刘婷婷与保继刚（2021）研究表明，诚信经营在旅游地发展初期发挥规范市场秩序价值，在成熟期则演变为同质化竞争的有效工具。当前旅游业诚信缺失主要表现在违反旅游合同、降低服务标准、价格欺诈、违约、增加购物、拖欠款、不正当竞争等诸多方面（郑向敏、吴纪滨，2004；王丽华、张宏胜，2004；陈榕，2013）。而旅游企业的不诚信行为不仅影响顾客旅游体验，同时也导致顾客对企业信任感降低（龚金红等，2014）。切萨雷（Cesare，2021）实验研究表明，顾客对豪华酒店的诚信感知大幅提升其预订意愿。

（二）旅游业诚信缺失原因研究

郭鲁芳（2004）、张军谋（2018）认为，旅游业诚信缺失的根本原因是制度不完善、信息不对称和低级垄断等。严伟（2008）认为，旅游行政管理部门的缺位和越位是旅游价格诚信缺失的根本原因。赖斌（2016）认为，失信成本低于守信成本、诚信文化环境与社会氛围不足、旅游信用体系建设顶层设计不足等是旅游业诚信缺失的原因。陈榕（2013）认为，旅游业诚信缺失的原因还包括从业人员待遇无保障、游客消费心理不成熟、产权制度、委托与代理关系等。

（三）旅游业诚信经营的影响因素研究

赖斌（2016）认为，旅游失信行为的利益主体涉及居民、政府机构、旅游企业、旅游者、压力集团、专家、媒体等。卢爽（2011）认为，政府的监管作用、旅游企业之间的竞争、旅游的信息不对称，是旅游企业诚信经营的影响因素。龚金红等（2014）研究表明，旅游企业声誉在诚信经营影响中发挥"缓冲与激化"双面效用。刘婷婷与保继刚（2021）认为，非垄断性市场供给和旅游从业者的高度参与是旅游地诚信经营环境的形成因素。

（四）旅游业诚信经营评价体系研究

姚延波与侯平平（2017）基于游客视角，构建由员工诚信、信息宣传合规、品牌信用三个维度组成的旅游企业诚信评价体系。也有研究（Hou et al., 2023）从制度诚信、合同绩效、诚信文化和领导诚信四个维度，构建员工感知的旅游企业诚信量表。司嵬与王冲（2018）从信用品格、服务能力、表现评价、资本保障四个方面构建旅游景区信用评价指标体系，并认为信用品格与服务能力是景区信用水平的关键评价指标。冯晓兵等（2018）认为，旅游信用体系建设是规范旅游市场秩序、优化旅游环境、促进旅游业发展的有效手段，应围绕政府管理部门、当地社区居民、旅游行业要素三个主体构建目的地旅游信用评价体系。

（五）旅游业诚信缺失的对策研究

石维富与李东（2013）认为，我国旅游诚信建设存在旅游法制建设滞后、旅游管理体制不完善、旅游信息不对称等问题，应加强公民诚信道德教育、加大旅游法制建设与宣传力度、健全旅游信息建设、建立旅游诚信评价和奖惩机制等。钱亚妍等（2013）基于游客知情权提出，构建旅行社信息披露制度可改善旅游市场信息不对称。左晓丽与马飒（2017）认为，

"诚信档案"建设是制约旅游目的地不文明旅游行为的重要措施,但当前"诚信档案"建设存在内容无标准、信息公开平台不合理、游客隐私权保护等问题。华萍(2021)认为,基于区块链技术构建文旅产业诚信管理平台,可解决文旅产业诚信管理中行业监管难度大、信息共享不足、创新保护机制缺乏等问题。

综上所述,虽然国内外对于旅游业诚信经营研究关注较少,但仍形成较为完整的研究体系。然而分析同时发现,既有研究较少结合具体利益主体实际感知而探究诚信经营的影响因素与作用机制,虽已构建旅游业诚信经营评价指标体系但较为宏观且鲜见实践应用,诚信缺失对策研究较为宏观同时也忽略了诚信经营倡议这一根源性柔性管理方法,致使诚信经营在旅游行业的具体实施中存在理论短板与实践操作性弱等问题。基于上述研究不足,本章以旅游行业诚信经营倡议为研究对象,从倡议客体与受益群体视角科学评价诚信经营倡议的实施效用,并揭示倡议实施效用的影响机制,以期促进旅游行业全面落实诚信经营。

三、研究思路与数据来源

(一)研究思路与方法

旅游从业者是旅游行业诚信经营倡议的客体与受益群体之一,而游客则是诚信经营倡议的直接受益者。因而,本章研究从旅游从业者与游客两个利益主体视角,通过问卷调查法获取旅游从业者与游客的感知数据,运用统计分析法探究旅游行业诚信经营倡议的内容效用与营销效用,并在文献分析法构建诚信经营倡议效用的影响因素体系基础上,运用相关分析法与因果分析法探究旅游从业者视角下诚信经营倡议的影响因素与作用关系,以期明确诚信经营倡议的既有效用,阐明诚信经营倡议效用的影响机制,推进旅游经营环境优化与游客体验质量提升,实现旅游业高质量可持续发展。

（二）数据来源

1. 旅游从业者视角下诚信经营倡议效用研究的数据来源

旅游从业者视角下诚信经营倡议的研究数据，源于面向旅游景区、旅行社、酒店、餐饮场所、娱乐与交通等旅游行业从业者的问卷调查。旅游从业者视角下诚信经营倡议效用研究的调查题项共四部分。第一部分为旅游从业者对诚信经营倡议的信息获取、内容认知等信息；第二部分为旅游从业者对诚信经营倡议的效用感知，包括旅游从业者对诚信经营倡议的态度、实施效果、经营理念影响等内容；第三部分为旅游从业者对诚信经营倡议效用的影响因素认知，包括旅游从业者对诚信经营的经济效益、诚信经营价值、经营环境、游客需求等方面内容；第四部分为调查对象的人口学特征信息，包括性别、年龄、学历、收入、岗位等信息。其中，第二与第三部分均采用李克特5级量表法设计。

调查问卷于2023年12月23~30日通过问卷星平台（www.wjx.cn）发放，并向省市文化和旅游管理部门职员、旅游协会会员和旅游景区、旅行社、酒店等企业员工定向推送，由其帮助面向旅游从业者进行传播扩散。本次调查共收回问卷506份，剔除填写时长小于60秒的8份问卷，最后得到有效问卷498份，问卷有效率为98.42%。调查对象人口学特征统计信息如表6-2所示。

表6-2　旅游从业者视角下诚信经营倡议研究调查对象人口学特征统计

项目	指标	人数（人）	占比（%）	项目	指标	人数（人）	占比（%）
性别	男	242	48.59	学历	初中及以下	35	7.03
	女	256	51.41		高中/中专	50	10.04
岗位	管理者	277	55.62		大学专科	146	29.32
	经营户	35	7.03		大学本科	190	38.15
	一线员工	186	37.35		研究生	77	15.46

续表

项目	指标	人数（人）	占比（%）	项目	指标	人数（人）	占比（%）
年龄*	18~25岁	69	13.86	月收入	≤3000元	40	8.03
	26~30岁	95	19.08		3001~5000元	176	35.34
	31~40岁	122	24.50		5001~8000元	165	33.13
	41~50岁	127	25.50		8001~15000元	86	17.27
	51~60岁	80	16.06		15001~30000元	22	4.42
	>60岁	50	10.04		>30000元	9	1.81

注：*本次旅游从业者调研不涉及18岁以下群体。

运用SPSS 21.0软件对本次调查数据进行信效度分析（见表6-3），本数据总量表的Cronbach's Alpha值为0.886、KMO值为0.812，各维度量表的Cronbach's Alpha值介于0.765~0.896、KMO值介于0.710~0.753，表明此次调研数据具有较高的信度和效度。

表6-3　旅游从业者视角下诚信经营倡议研究量表的信度与效度检验

维度	题项	标准因子载荷	Cronbach's α	CR	AVE	KMO
收益感知	SY1 诚信经营可提高您的个人经济收益	0.927	0.896	0.94	0.83	0.722
	SY2 诚信经营可提高您所在企业的经济收益	0.936				
	SY3 诚信经营可提高您和企业的长远经济收益	0.870				
行业特征	HY1 行业风气影响从业者诚信经营	0.891	0.807	0.89	0.72	0.710
	HY2 他人行为影响从业者诚信经营	0.896				
	HY3 经营逐利性影响从业者诚信经营	0.756				

续表

维度	题项	标准因子载荷	Cronbach's α	CR	AVE	KMO
游客属性	YK1 游客低重游率影响从业者诚信经营	0.837	0.843	0.89	0.68	0.747
	YK2 游客外地人身份影响从业者诚信经营	0.899				
	YK3 主客信息不对称影响从业者诚信经营	0.790				
	YK4 游客不成熟消费理念影响从业者诚信经营	0.767				
法规惩处	FG1 欺诈惩罚对诚信经营有促进作用	0.798	0.765	0.87	0.62	0.721
	FG2 欺诈通报对诚信经营有促进作用	0.728				
	FG3 监管难度影响从业者诚信经营	0.764				
	FG4 处罚力度小限制从业者诚信经营	0.855				
价值认知	JZ1 诚信经营倡议可有效改变行业风气	0.832	0.809	0.89	0.74	0.730
	JZ2 诚信经营可有效提升旅游地形象与吸引力	0.848				
	JZ3 诚信经营可有效提升游客综合体验质量	0.891				
倡议效用	XY1 您支持旅游地诚信经营倡议	0.830	0.868	0.90	0.75	0.753
	XY2 您认为诚信经营倡议实施效果如何	0.897				
	XY3 诚信经营倡议改变您的经营理念	0.877				
总量表			0.886			0.812

2. 游客视角下诚信经营倡议效用研究的数据来源

游客视角下诚信经营倡议效用研究数据，源于面向全国游客的问卷调查。调查问卷于2023年11月1~18日通过问卷星平台（www.wjx.cn）面向全国游客发放，本次调查共回收问卷1246份，依据调查问卷题量剔除填写时长极短（时间<100秒）问卷5份，最终获得有效问卷1241份，问卷有效率为99.60%。调查对象涵盖中国31个省级行政区（港澳台除外），

第六章　面向旅游从业者的诚信经营倡议效用与影响机制研究

具体人口学特征统计信息如表6-4所示。

表6-4　游客视角下诚信经营倡议研究调查对象人口学特征统计

项目	指标	人数（人）	占比（%）	项目	指标	人数（人）	占比（%）
性别	男	562	45.29	职业	管理人员	213	17.16
	女	679	54.71		专技人员	341	27.48
婚姻	单身	405	32.63		办事人员	208	16.76
	已婚	836	67.37		商业人员	212	17.08
年龄	<18岁	23	1.85		生产人员	154	12.41
	18~24岁	355	28.61		全日制学生	71	5.72
	25~40岁	592	47.70		其他*	42	3.38
	41~60岁	242	19.50	月收入	<2000元	83	6.69
	≥60岁	29	2.34		2000~3500元	122	9.83
学历	初中及以下	17	1.37		3501~5000元	238	19.18
	高中专	379	30.54		5001~8000元	554	44.64
	大专、本科	613	49.40		8001~15000元	213	17.16
	研究生	232	18.69		>15000元	31	2.50

注：*其他职业，包括个体经营者、自由职业、离休/退休、全职家庭主妇/夫等。

游客视角下诚信经营倡议效用研究的调查题项共三部分。第一部分为游客对诚信经营倡议的信息获取和旅游中诚信问题经历、影响等信息；第二部分为游客对诚信经营倡议的效用感知，包括游客对诚信经营倡议的态度和价值认知、游客对旅游地的心理距离和旅游意愿等内容，本部分题项采用李克特5级量表法设计；第三部分为调查对象的人口学特征信息。

运用SPSS 21.0软件对游客视角下诚信经营倡议效用感知进行信效度分析，量表的Cronbach's α值为0.838、KMO值为0.789，表明此次调研数据具有较高的信度和效度。

四、旅游行业诚信经营倡议的效用分析

虽然旅游行业诚信经营倡议的客体是区域内的旅游从业者，但公开发布的诚信经营倡议必然会被广大游客所知晓，也必然会促使游客对开展诚信经营倡议的旅游地（景区）产生新的认知。因而，诚信经营倡议的效用不仅体现于旅游从业者的认知理念、行为规范等方面（即倡议的内容效用），也将体现在游客对旅游地的形象认知和旅游意愿等方面（即倡议的营销效用）。

（一）诚信经营倡议的内容效用分析

1. 旅游从业者视角下诚信经营内容的认知分析

当前旅游行业所发布的诚信经营倡议内容，涉及诚实守信、遵规守法、文明服务等诸多内容，其内容分属道德范畴、法规体系和礼仪行为领域。分析认为，诚信经营倡议的核心内容应是经营者的诚信经营理念与行为建议。因而，旅游从业者诚信经营倡议的内容认知围绕"诚信"而展开，具体设置"质量保障、价格公道、低利润、讲信用"四个选项。

问卷调查结果显示（见表6-5），86.5%~89.5%的被调查者认为诚信经营就是在经营活动中做到"质量保障、价格公道、讲信用"，但仍有15.86%的被调查者认为诚信经营应包含"低利润"。就商业活动本质而言，低利润并非商业活动诉求，且诚信经营的核心要义也在于经营活动中做到诚实有信。由此表明，绝大多数旅游从业者能够正确认知诚信经营内涵，但仍有少部分旅游从业者对于诚信经营的内容不甚明白，致使其可能会排斥诚信经营倡议。

第六章 面向旅游从业者的诚信经营倡议效用与影响机制研究

表 6-5　　　旅游从业者视角下诚信经营倡议认知统计

维度	选项	人次（人）	百分比（%）	维度	选项	人次（人）	百分比（%）
倡议内容认知	质量保障	431	86.55	倡议态度	不支持	4	0.80
	价格公道	438	87.95		无感	0	0.00
	低利润	79	15.86		支持	494	99.20
	讲信用	446	89.56	实施效果认知	不好	43	8.63
诚信价值认知1（增加旅游吸引力）	不认同	4	0.80		一般	124	24.90
	无感	22	4.42		好	331	66.47
	认同	472	94.78	改变经营理念	不认同	16	3.21
诚信价值认知2（提升游客体验质量）	不认同	7	1.41		无感	69	13.86
	无感	9	1.81		认同	413	82.93
	认同	482	96.79				

资料来源：笔者依据问卷调查结果处理。

2. 旅游从业者对于诚信经营价值的认知分析

倡议主体面向旅游从业者开展诚信经营倡议，其目的在于通过营造良好主客互动环境，提升游客在旅游地的综合体验质量、强化旅游地形象与吸引力，最终实现旅游地高质量可持续发展。调查（见表6-5）显示，94.78%的被调查者认为诚信经营可增强旅游地的形象与吸引力，96.79%的被调查者认为诚信经营可提升游客的旅游综合体验质量，即旅游从业者对于诚信经营价值具有极高认知。而旅游从业者对于诚信经营价值的高认知，也为旅游地主客互动环境优化创设了良好的认知条件。

3. 旅游从业者对于诚信经营倡议的态度分析

旅游从业者对于诚信经营倡议的态度调查（见表6-5）显示，99.20%的被调查者支持或非常支持开展诚信经营倡议，明确表示不支持诚信经营倡议的群体仅占0.80%。由此表明，广大旅游从业者均非常支持旅游地开展诚信经营。对比诚信经营价值认知与倡议态度可以看出，虽然部分旅游从业者并不认为"诚信经营可提升游客旅游体验质量和强化旅游地形象与吸引力",但仍期盼并支持旅游地营造诚实、有信的商业运营环境。

4. 旅游从业者对于诚信经营倡议影响的认知分析

诚信经营倡议实施效果调查（见表6-5）显示，66.47%的被调查者认为当前诚信经营倡议已产生了较好的效果，24.90%的被调查者认为诚信经营倡议的效果一般，但仍有8.63%的群体认为当前诚信经营倡议的效果并不好；倡议对从业者经营理念影响调查（见表6-5）显示，82.93%的被调查者认为诚信经营倡议对自己的经营理念产生较大的影响，但仍有3.21%的群体认为诚信经营倡议并未改变其经营理念。当然，诚信经营倡议并未改变从业者的经营理念存在两个前提，即从业者一直遵循诚信经营理念，或倡议之后仍未接受诚信经营理念。综上两方面统计，诚信经营倡议对旅游从业者的经营行为和经营理念均产生了较大的正向影响。

（二）诚信经营倡议的营销效用分析

诚信经营倡议的营销效用分析，主要从游客在知晓旅游地（景区）诚信经营倡议之后，所产生的与旅游地之间的心理距离及前往旅游地的旅游意愿两方面分析。

游客诚信经营倡议认知统计（见表6-6）显示，在过往旅游经历中没有遭遇经营欺诈的被调查者仅占22.40%，而偶尔和经常遇到经营欺诈的群体总占比高达50.77%。经营欺诈对游客所产生的影响依次表现为：综合体验感知下降＞旅游地形象的认可度下降＞对经营者信任度下降＞经济受损。综上表明，当前旅游市场上非诚信经营问题较为突出，且其所产生的影响主要体现于游客体验和旅游地形象，迫切需要开展诚信经营倡议以优化主客互动空间。而本章调研也证实，90.81%的被调查游客支持旅游地（景区）开展诚信经营倡议。

表 6-6　　　　　　游客视角下诚信经营倡议认知统计

维度	选项	人次（人）	百分比（%）	维度	选项	人次（人）	百分比（%）
是否遭遇经营欺诈	经常遇到	204	16.44	倡议态度	不支持	6	0.48
	偶尔遇到	426	34.33		无感	108	8.70
	无感	333	26.83		支持	1127	90.81
	基本没有	144	11.60	拉近心理距离	不认同	18	1.45
	完全没有	134	10.80		无感	210	16.92
欺诈经历影响	经济受损	168	13.54		认同	1013	81.63
	体验降低	501	40.37	增强旅游意愿	不认同	33	2.66
	形象下降	395	31.83		无感	222	17.89
	降低信任	177	14.26		认同	986	79.45

资料来源：笔者依据问卷调查结果处理。

调查同时显示（见表6-6），81.63%的被调查者认为旅游地（景区）开展的诚信经营倡议，拉近了自己与该旅游地之间的心理距离。而且，79.45%的被调查者认为旅游地诚信经营倡议，增强了自己前往该旅游地（景区）的旅游意愿。由此表明，旅游行业出于优化主客互动空间而开展的诚信经营倡议，不仅拉近了游客与旅游地之间的心理距离，同时也实实在在地大幅增加了游客的旅游意愿，即旅游行业开展诚信经营倡议具有较高的营销效用。

五、旅游从业者视角下诚信经营倡议效用的影响机制分析

（一）研究假设与理论模型构建

1. 旅游从业者收益感知与诚信经营倡议效用关系

旅游业既属于经济型产业，同时又属于文化型产业。但对于旅游从业

者而言，却多视旅游业为经济型产业，其从事旅游经营活动的主要驱动力为经济因素。因而，经济收益最大化是旅游从业者关注的重点。但当下较低的薪资水平现状却导致旅游从业者工作岗位认可度不高、跳槽现象频发（张晨、左冰，2021），欺诈经营现象也不断涌现。经济收益一般可分为短期经济收益和长期经济收益、个体经济收益和集体经济收益等类型。旅游从业者在其经营活动中的非诚信行为，一般可以产生个体、短期经济收益最大化。但在时下移动互联网络高度发展背景下，旅游从业者的欺诈经营行为随时可能被网络媒体即时曝光，从而影响旅游地、从业者的形象和经济收益。从长远计，唯有诚信经营才能既保障旅游从业者的短期经济收益，又实现个体与集体的长期经济收益。综上分析，旅游从业者对于个体和旅游企业经济收益根源的认知，显著影响诚信经营倡议效用。因此，提出如下假设。

H6-1：旅游从业者的经济收益认知正向显著影响旅游行业诚信经营倡议效用。

2. 旅游行业特性与诚信经营倡议效用关系

社会认知理论认为，人的发展、适应和改变是主体因素、行为因素与环境因素三方面相互作用的结果（Bandura，1986）。人作为一种社会性生物，其认知、行为、理念等必然会受到社会环境和群体关系等环境因素的影响。作为旅游行业的从业者，其经营理念与行为的形成也必然会受到旅游行业风气、其他从业者的行为与理念的影响。周守群（2017）研究表明，行业风气、工作条件等是影响员工职业道德水平的外在因素。彭惠军（2013）研究认为，感知风险、他人影响等负向影响旅游者的购买意愿。另外，旅游行业作为一个经济性部门，利益最大化是旅游行业企业和从业者的本质追求。因而，旅游经营的逐利本质也必将影响诚信经营倡议的价值认知。综上分析，行业风气、其他从业者影响以及经营的逐利本质等是旅游从业者诚信经营理念与行为形成与否的影响因素，是诚信经营价值认知和行为的基础。因此，提出如下假设：

H6-2：旅游行业特性负向显著影响旅游行业诚信经营倡议效用。

3. 诚信经营价值认知与诚信经营倡议效用关系

认知是意愿和行为的基础。价值认知是个体在决策前进行的成本、收益权衡，一般包括经济价值认知、生态价值认知与社会价值认知等（吴璟等，2020）。帕劳（Palau，2021）研究表明，感知价值对游客的消费态度与意图具有积极影响。也有研究表明，游客的真实性感知对其消费意愿有积极的影响（Chang et al.，2021）。尤徐芸（2021）分析表明，游客感知价值是外部刺激和购买意愿之间的中介变量。冶建明等（2020）研究表明，游客感知价值通过地方认同正向影响其行为意向。李伯华等（2023）研究认为，居民对文化遗产的价值认同是其开展文化遗产保护和活化实践的重要动力。综上表明，利益主体对于体验对象的多维价值感知正向影响其消费行为。结合上述研究，提出如下研究假设：

H6-3：旅游从业者的诚信经营价值认知正向显著影响诚信经营倡议效用。

4. 游客属性与诚信经营倡议效用关系

旅游者是指利用其自由时间并以寻求愉悦为目的而在异地获得短暂休闲体验的人（谢彦君，2015），是旅游地的异地人、陌生人。主客之间因彼此陌生而少有情感联结，致使旅游从业者在商业经营过程缺失情感对诚信经营的约束。据业内人士陈宗冰实地调查统计，当前国内大部分旅游景区的重游率不足1%（张雪松，2017）。而极低的游客重游率也将进一步弱化旅游从业者对游客的情感关注，进而弱化诚信经营约束力。另外，游客的消费心理、信息获取量等也对旅游从业者的经营行为具有一定影响。研究表明，游客消费心理不成熟、主客信息不对称等是旅游业诚信经营缺失的主要原因（陈榕，2013）。其中，旅游前的主客信息不对称将导致旅游产品或商品的质量被隐藏，致使买卖双方仅关注价格而忽视质量（王豪、李庆雷，2019）。综上分析，游客所具有的异地人身份、低重游率、信息不对称、消费理念等属性，均是旅游从业者诚信经营理念与行为产生与否的重要原因。因而，提出研究假设：

H6-4：游客属性显著影响旅游行业诚信经营倡议效用。

5. 行业法规惩处与诚信经营倡议效用关系

规范旅游市场秩序不仅关系到旅游行业的声誉与旅游地形象，并可赋能旅游业高质量发展（刘亦雪等，2021；汤利华，2022）。研究表明，政府与民众的双重监督可有效调动旅游企业行为的积极方向演化（郭志蒙等，2022）。政府对旅游行业违法、违规行为的罚款和非物质性处罚，可恢复旅游者信心并修复旅游地形象，且政府对旅游企业的违法行为惩罚力度越大治理效果越好（祁凯等，2022；范春梅，2022）。构建多元监管主体、多样监管手段和多层次监管策略，则可提升政府对旅游市场的回应能力，从而有效破解我国旅游市场监管的诸多矛盾与难题（印伟，2021）。综上表明，政府对旅游行业的惩处方式、惩处力度等均显著影响旅游企业和从业者的规范性经营活动。因此，提出研究假设：

H6-5：行业法规惩处正向显著影响旅游行业诚信经营倡议效用。

基于上述理论分析与研究假设，构建本章研究理论模型，如图6-1所示。

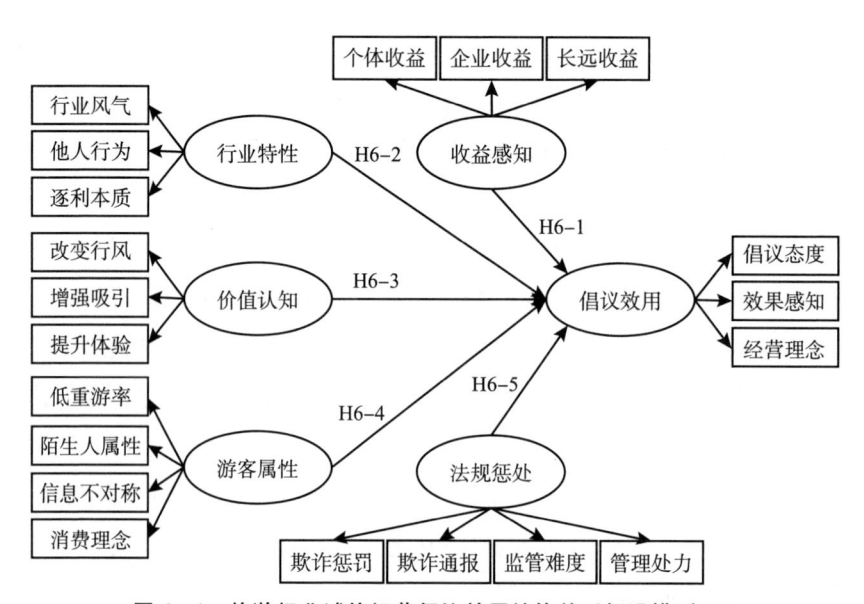

图6-1 旅游行业诚信经营倡议效用结构关系假设模型 M1

（二）结构方程模型验证

将结构方程假设模型（M1）与旅游从业者视角下诚信经营倡议的调研数据进行拟合度检验，检验结果表明结构方程假设模型（M1）的拟合指标均未达到理想状态，因而对假设结构方程模型做进一步修正。从 AMOS 输出报表中的修正指数可以看出，旅游从业者的"收益感知""行业特征""价值认知""游客属性""法规惩处"彼此之间存在较高的修正指数。建立上述潜变量之间的联系可有效降低结构方程型的卡方统计量并提升模型的显著性水平，理论分析认为"收益感知"与"价值认知""法规惩处"之间存在显著相关关系，"行业特征"与"游客属性""法规惩处"之间存在显著相关关系，"价值认知"与"游客属性"之间存在显著相关关系，而其他因素之间并不存在显著相关关系。因而，尝试在上述潜变量之间建立关联。

AMOS 输出报表的修正指数同时显示，收益感知变量中的"长远收益"与"个体收益""企业收益"之间存在较高修正指数，行业特征变量中的"行业风气"与"他人行为"之间存在较高修正指数，价值认知变量中的"增强吸引"与"提升体验"之间存在较高修改指数，游客属性潜变量中的"信息不对称"与"低重游率""陌生人""消费理念"之间存在较高修正指数，法规惩处潜变量中的"欺诈惩罚"与"欺诈通报""处罚力度""监管难度"之间、"处罚力度"与"监管难度"之间均存在较高修正指数，倡议效用变量中"经营理念"与"效果感知"之间存在较高修正指数。然而，游客属性中的"陌生人"与倡议效用变量中的"倡议态度""效果感知""经营理念"之间，均不存在显著相关关系，在此剔除游客属性中的"陌生人"因子。建立上述其他观察变量之间的联系可有效提升模型的显著性水平，理论分析也确认上述观察变量之间存在相关关系。因而，尝试在上述观察变量之间建立关联，最终建立新的结构方程模型 M2（见图 6-2）。结构方程模型拟合度检验结果如表 6-7 所示。

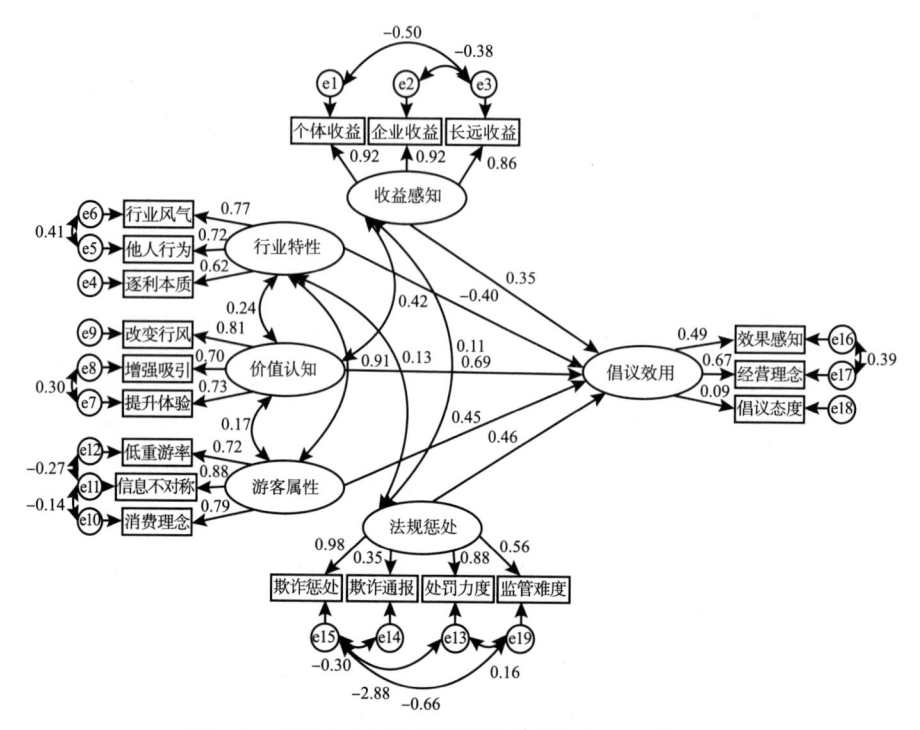

图 6-2 旅游行业诚信经营倡议效用结构方程模型 M2

表 6-7 诚信经营倡议研究初始假设模型与修正模型拟合度比较

拟合指标	绝对拟合指标			增值拟合指标			
	χ^2/df	GFI	RMSEA	AGFI	NFI	CFI	IFI
理想数值	1~3	≥0.9	<0.1	≥0.9	≥0.9	≥0.9	≥0.9
模型 M1	3.328	0.821	0.115	0.787	0.765	0.792	0.801
模型 M2	2.176	0.919	0.088	0.931	0.929	0.925	0.927

（三）旅游从业者视角下诚信经营倡议效用的影响因素

1. 旅游从业者收益感知

相关分析（见表6-8）显示，旅游从业者的个体收益感知、企业收益感知、长远收益感知等因子，与诚信经营倡议效用的倡议态度、实施效果、经营理念等因子之间，均在0.01水平上呈现正显著相关关系；结构关系模型验证分析结果（见表6-9）也表明，旅游从业者的收益感知对其个体收益感知、企业收益感知、长远收益感知等因子，均在显著性水平0.001上正向显著影响，即旅游从业者的个体收益感知、企业收益感知、长远收益感知是其收益感知的核心构成因子。同时，H6-1"旅游从业者收益感知对诚信经营倡议效用"，在显著性水平0.001上具有正向显著影响（即H6-1成立），其标准化路径系数值为0.348。由此表明，收益感知是旅游从业者视角下诚信营倡议效用的核心影响因素，个体收益感知、企业收益感知、长远收益感知是诚信经营倡议效用的重要影响因子。

表6-8　倡议效用与收益感知、行业特征、价值认知相关性分析

倡议效用	项目	收益感知			行业特性			价值认知		
		个体收益	企业收益	长远收益	行业风气	他人行为	逐利本质	改变行风	增强吸引	提升体验
倡议态度	Pearson相关性	0.170**	0.228**	0.202**	-0.021	-0.048	0.021	0.056*	0.103*	0.045*
	显著性（双侧）	0.000	0.000	0.000	0.641	0.282	0.632	0.023	0.022	0.031
	N	498	498	498	498	498	498	498	498	498
实施效果	Pearson相关性	0.248**	0.239**	0.214**	0.170**	0.164**	0.186**	0.414**	0.437**	0.238**
	显著性（双侧）	0.000	0.000	0.000	0.000	0.000	0.000	0.000	0.000	0.000
	N	498	498	498	498	498	498	498	498	498
经营理念	Pearson相关性	0.455**	0.451**	0.397**	0.259**	0.203**	0.229**	0.447**	0.521**	0.416**
	显著性（双侧）	0.000	0.000	0.000	0.000	0.000	0.000	0.000	0.000	0.000
	N	498	498	498	498	498	498	498	498	498

注：**、*分别表示在0.01与0.05水平（双侧）上显著相关。

表6–9　　诚信经营倡议研究结构关系模型验证分析结果

假设关系	影响路径	标准化参数估计值	验证结果
H6–1	旅游从业者收益感知对诚信经营倡议效用	0.348***	正向显著影响
H6–2	旅游从业者行业特性认知对诚信经营倡议效用	−0.400	无影响
H6–3	旅游从业者诚信经营价值认知对诚信经营倡议效用	0.688***	正向显著影响
H6–4	游客属性对诚信经营倡议效用	0.453	无影响
H6–5	规范惩处对诚信经营倡议效用	0.456***	正向显著影响
	旅游从业者收益感知对个人收益感知	0.916***	正向显著影响
	旅游从业者收益感知对企业收益感知	0.917***	正向显著影响
	旅游从业者收益感知对长远收益感知	0.857***	正向显著影响
	旅游行业特征认知对行业风气感知	0.768***	正向显著影响
	旅游行业特征认知对他人行为感知	0.716***	正向显著影响
	旅游行业特征认知对旅游业逐利本质	0.617***	正向显著影响
	旅游从业者诚信经营价值认知对改变行业风气	0.811***	正向显著影响
	旅游从业者诚信经营价值认知对增强旅游地吸引力	0.698***	正向显著影响
	旅游从业者诚信经营价值认知对提升游客体验质量	0.727***	正向显著影响
	游客属性对游客低重游率	0.717***	正向显著影响
	游客属性对主客信息不对称	0.882***	正向显著影响
	游客属性对游客消费理念	0.795***	正向显著影响
	规范惩处对欺诈惩处	0.978***	正向显著影响
	规范惩处对欺诈通报	0.348**	正向显著影响
	规范惩处对处罚力度	0.881***	正向显著影响
	规范惩处对监管难度	0.563***	正向显著影响

注：***、**分别表示在0.001、0.01水平上显著。

2. 旅游行业特征

相关分析（见表6–8）显示，倡议效用中的实施效果、经营理念因子与行业特征中的旅游行业风气因子、其他从业者行为影响、经营逐利本质等因子之间,均在0.01水平上呈现正显著相关关系。而倡议态度因子与行业特征中的旅游行业风气因子、其他从业者行为影响、经营逐利本质等因子之间,均在0.05水平上并不呈现相关关系。

结构关系模型验证分析结果(见表6-9)表明,旅游行业特征对旅游行业风气、其他从业者行为影响、旅游业逐利本质,均在显著性水平0.001上正向显著影响,即旅游行业风气、其他从业者行为影响、旅游业逐利本质是旅游行业特征的核心构成因子。然而,针对H6-2"旅游从业者行业特性认知对诚信经营倡议效用",虽然其标准化路径系数值为-0.400,但在显著性水平0.05上并不具有显著影响(即H6-2不成立)。由此表明,虽然行业风气、他者影响、逐利本质是行业特征的重要影响因子,但行业特征并非旅游从业者视角下诚信经营倡议效用的影响因素,即旅游从业者的旅游行业特征认知与诚信经营倡议效用之间属于"相关而无影响"关系。

3. 旅游从业者诚信经营价值认知

相关分析(见表6-8)显示,旅游从业者视角下诚信经营倡议效用中的倡议态度、实施效果、经营理念因子,与价值认知中的改变行业风气、增强旅游吸引力、提升旅游体验质量等因子之间,在显著性水平0.05上呈现正显著相关关系。

结构关系模型验证分析结果(见表6-9)表明,诚信经营价值认知与其改变行业风气、增强旅游吸引力、提升旅游体验质量等因子之间,均在显著性水平0.001上呈现正显著相关关系,即改变行业风气、增强旅游吸引力、提升旅游体验质量是诚信经营价值认知的核心构成因子。同时,H6-3"旅游从业者诚信经营价值认知对诚信经营倡议效用",在显著性水平0.001上具有正向显著影响(即H6-3成立),其标准化路径系数为0.688,是本次5个研究假设中标准化路径系数的最高值。由此表明,诚信经营价值认知是诚信经营倡议效用最为核心的影响因素,改变行业风气、增强旅游吸引力、提升旅游体验质量是诚信经营倡议效用的重要影响因子。

4. 游客属性

相关分析（见表6-10）显示，诚信经营倡议效用中的实施效果、经营理念因子，与游客属性中的低重游率、信息不对称、游客消费理念之间，在显著性水平0.01上呈现正显著相关关系。诚信经营倡议效用中的倡议态度因子与游客属性中的低重游率、信息不对称因子之间，在显著性水平0.05上呈现负显著相关关系。

表6-10　　　倡议效用与游客属性、法规惩处相关性分析

倡议效用	项目	游客属性			法规惩处			处罚力度
		低重游率	信息不对称	消费理念	欺诈惩处	欺诈通报	监管困难	
倡议效用	Pearson相关性	-0.095*	-0.081*	-0.063	0.006	-0.014	-0.005	-0.050
	显著性（双侧）	0.034	0.049	0.158	0.885	0.757	0.904	0.263
	N	498	498	498	498	498	498	498
实施效果	Pearson相关性	0.204**	0.189**	0.218**	0.366**	0.248**	0.269**	0.262**
	显著性（双侧）	0.000	0.000	0.000	0.000	0.000	0.000	0.000
	N	498	498	498	498	498	498	498
经营理念	Pearson相关性	0.293**	0.229**	0.285**	0.372**	0.290**	0.352**	0.417**
	显著性（双侧）	0.000	0.000	0.000	0.000	0.000	0.000	0.000
	N	498	498	498	498	498	498	498

注：**、*分别表示在0.01与0.05水平（双侧）上显著相关。

结构关系模型验证分析结果（见表6-9）表明，游客属性与其低重游率、信息不对称、消费理念等因子之间，均在显著性水平0.001上呈现正显著相关关系，即低重游率、信息不对称和游客消费理念是游客属性的核心构成因子。然而，针对H6-4"游客属性对旅游从业者诚信经营价值认知"，虽然其标准化路径系数为0.453，但在显著性水平0.05上并未产生显著影响（即H6-4不成立）。由此表明，低重游率、信息不对称、消费理念是游客属性的重要影响因子，但游客属性并非旅游从业者视角下诚信经营倡议效用的影响因素，即旅游从业者的游客属性认知与诚信经营倡议效用之间属于"相关而无影响"关系。

5. 旅游行业法规惩处

相关分析（见表6-10）显示，诚信经营倡议效用中的实施效果、经营理念因子，与法规惩处中的欺诈惩处、欺诈通报、监管难度、处罚力度等因子之间，在显著性水平0.01上呈现正显著相关关系。诚信经营倡议效用中的倡议态度因子与法规惩处中的欺诈惩处、欺诈通报、监管难度、处罚力度等因子之间，在显著性水平0.05上并不呈现显著相关关系。

结构关系模型验证分析结果（见表6-9）表明，法规惩处与其欺诈惩处、欺诈通报、监管难度、处罚力度等因子，均在显著性水平0.01上呈现正显著相关关系，即欺诈惩处、欺诈通报、监管难度、处罚力度，是旅游行业法规惩处的核心构成因子。同时，针对H6-5"规范惩处对诚信经营倡议效用"，在显著性水平0.001上具有正向显著影响（即H6-5成立），其标准化路径系数为0.456。由此表明，法规惩处是诚信经营倡议效用的核心影响因素，欺诈惩处、欺诈通报、监管难度、处罚力度是诚信经营倡议效用的重要影响因子。

（四）旅游从业者视角下诚信经营倡议效用的影响机制

综上诚信经营倡议效用影响因素分析可知，旅游从业者视角诚信经营倡议的效用受收益感知、价值认知、法规惩处三个因素正向显著影响，而行业特性、游客属性并未对诚信经营倡议效用产生显著影响。依据标准化路径系数，各因素对诚信经营倡议效用的影响程度表现为"价值认知 > 法规惩处 > 收益感知"。

基于旅游从业者视角下诚信经营倡议效用与各影响因素、具体影响因子之间的标准化路径系数，计算各影响因子对诚信经营倡议效用的综合路径系数，如表6－11所示。依据影响因子对诚信经营倡议效用的综合路径系数值，将各因子的影响程度划分为"强、中、弱"显著影响三个层次（路径系数绝对值≥0.5为强显著影响，路径系数绝对值<0.1为弱显著影响）。其中，改变行风与提升体验质量对诚信经营倡议效用产生正向强显著影响，个体收益感知、企业收益感知、长远收益感知、增强旅游吸引力、欺诈惩处、欺诈通报、处罚力度、监管难度等，对诚信经营倡议效用产生正向中显著影响。旅游从业者视角下诚信经营倡议效用的影响机制如图6－3所示。

表6－11　　　　影响因素对诚信经营倡议效用的影响程度

影响因素	作用路径	综合路径系数	影响程度
收益感知	旅游从业者个体收益感知对诚信经营倡议效用	0.3188	中显著影响
	旅游从业者企业收益感知对诚信经营倡议效用	0.3191	中显著影响
	旅游从业者长远收益感知对诚信经营倡议效用	0.2982	中显著影响
价值认知	改变行风对诚信经营倡议效用	0.5580	强显著影响
	增强旅游吸引力对诚信经营倡议效用	0.4802	中显著影响
	提升旅游体验质量对诚信经营倡议效用	0.5002	强显著影响
法规惩处	欺诈惩处对诚信经营倡议效用	0.4460	中显著影响
	欺诈通报对诚信经营倡议效用	0.1587	中显著影响
	处罚力度对诚信经营倡议效用	0.4017	中显著影响
	监管难度对诚信经营倡议效用	0.2567	中显著影响

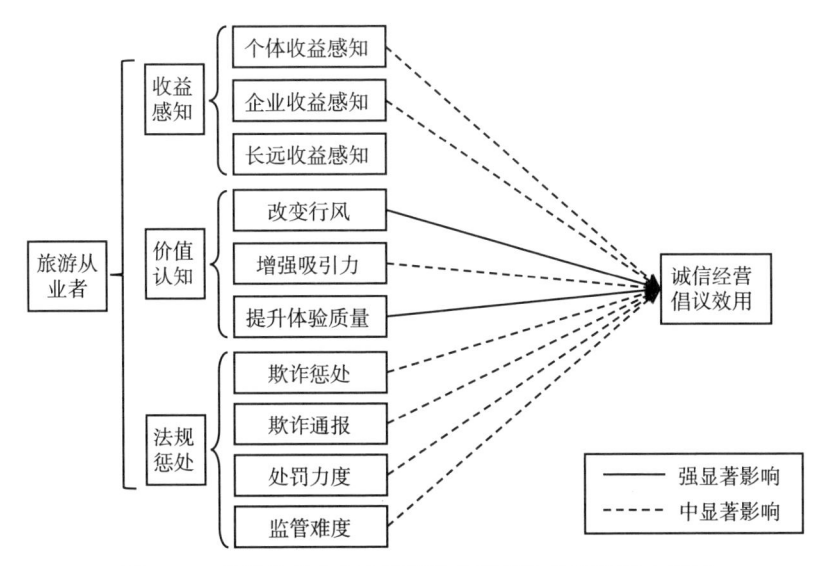

图 6-3　旅游从业者视角下诚信经营倡议效用的影响机制

六、本章研究结论与建议

（一）研究结论

1. 当前旅游行业诚信经营倡议产生较高的内容效用与营销效用

本章研究显示，绝大多数旅游从业者对于诚信经营价值具有极高认知，并有 90.81% 的被调查者支持旅游地（景区）开展诚信经营倡议，且 82.93% 的被调查者认为诚信经营倡议对自己的经营理念产生较大的影响；营销效用方面，81.63% 的被调查游客认为诚信经营倡议拉近了自己与旅游地之间的心理距离，79.45% 的被调查游客表示旅游地诚信经营倡议增强了自己前往该地的旅游意愿。综上表明，旅游行业的诚信经营倡议在倡议客体（旅游从业者）中产生了较高的内容效应，在倡议受益群体（游客）中产生了较高的营销效用。

2. 收益感知、价值认知、法规惩处等是诚信经营倡议内容效用的影响因素

研究表明，收益感知、价值认知、法规惩处等均是旅游从业者视角下诚信经营倡议效用的显著影响因素，且各因素对诚信经营倡议效用的影响程度表现为"价值认知＞法规惩处＞收益感知"。其中，改变行风、提升体验质量因子对诚信经营倡议效用产生正向强显著影响，个体收益感知、企业收益感知、长远收益感知、增强旅游吸引力、欺诈惩处、欺诈通报、处罚力度、监管难度等因子，对诚信经营倡议效用产生正向中显著影响。

3. 行业特性与游客属性对旅游从业者视角下的诚信经营倡议效用并无显著影响

本章研究表明，虽然行业特性中的行业风气、他者行为影响、经营逐利本质等因子与诚信经营倡议效用之间，均存在显著相关关系，但行业特征对诚信经营倡议效用并不存在显著影响；游客属性中的低重游率、信息不对称、游客消费理念等因子与诚信经营倡议效用之间，也均存在显著相关关系，但游客属性对诚信经营倡议效用并不存在显著影响，即行业特性、游客属性与诚信经营倡议效用之间并不存在因果关系，彼此属于"相关而无影响"关系。

（二）旅游行业诚信经营倡议效用提升建议

1. 与时俱进选择大众传播媒介开展旅游行业诚信经营倡议

虽然旅游地（景区）旅游从业者数量相对较少，无须通过广域传播媒介发布诚信经营倡议即可覆盖全体旅游从业者，但本章研究表明，旅游行业诚信经营倡议兼具内容效用与营销效用。通过流行大众传播媒介发布诚信经营倡议，则可被旅游从业者和游客群体共同知晓，进而在实现诚信经营倡议的内容效用同时产生旅游地营销价值。而且，游客群体在知晓旅游地（景区）开展诚信经营倡议后，又可对旅游从业者的经营行为起到监督作用。

2. 紧扣诚信经营价值认知教育，单项开展诚信经营倡议

本章研究表明，旅游从业者对于诚信经营的价值认知是其响应诚信经营倡议的核心影响因素，且部分旅游从业者对于诚信经营的核心内容仍不甚了解。同时，当前将诚信经营倡议内含于文明旅游倡议之中的作法，存在因倡议客体多元而致使旅游从业者对诚信经营倡议的关注度弱，因倡议内容庞杂而致使旅游从业者无法直接获取所需信息等问题。因而，旅游行业诚信经营倡议应单独发布，且倡议内容应简要、明确地告知旅游从业者诚信经营的具体内容要求，以及诚信经营对于旅游地、游客、旅游业的深远意义，如此方可有效提升旅游从业者的诚信经营理念、规范其诚信经营行为。

3. 常悬法规惩处"利剑"，威慑、规范旅游从业者诚信经营行为

改革开放以来，经过中国旅游业四十余年的发展，各项法律、规范已日趋完善。但受游客流动性强、旅游从业者违法违规行为瞬时和成本低影响，旅游行业依旧存在监管难、执法难、执法效果弱等问题，制约旅游市场的规范运营。而本章研究表明，旅游行业法规惩处是仅次于价值认知的诚信经营倡议效用影响因素。因而，即使当前法规惩处存在诸多不足之处，但旅游供给市场的诚信经营推进，仍需常悬行业法规"利剑"于顶，通过法规宣传、惩处通报等方式威慑、规范旅游从业者的诚信经营行为，进而由外而内实现旅游从业者诚信经营理念的提升。

（三）讨论

诚信经营是旅游地重要软环境，关乎游客旅游体验质量与旅游地可持续发展。本章研究基于旅游从业者与游客视角，探究旅游行业诚信经营倡议的效用与影响因素、作用关系，可在明确诚信经营倡议实际效用的基础上洞悉倡议效用的影响机制，进而有的放矢实现诚信经营倡议效用的最大化。本章研究分析认为，旅游行业特性与游客属性是旅游从业者诚信经营行为形成的重要外部影响因素，与周守群（2017）、陈榕（2013）等学者的研究观点较为一致。然而因果分析结果却显示，行业特性与游客属性对于诚信经营倡议效用并不存在显著影响关系，即行业特性与游客属性并非诚信经营倡议的影响因素。诚信经营行为的影响因素与诚信经营倡议效用的影响因素之间并不一致，是否表明当前旅游从业者的非诚信经营行为与旅游行业特征和游客属性具有一定的相关性，但从业者内心仍非常纯善，在本意上非常认同并支持诚信经营倡议对于旅游行业高质量、可持续发展的价值，旅游行业诚信经营具备良好群众基础？有待未来进一步研究。

第七章

效用最大化导向下旅游倡议实施路径优化

旅游倡议作为旅游管理体系的重要组成，是解决旅游业发展中与利益主体高度相关且普遍存在、影响深远的旅游问题的最优管理举措之一。而本书基于面向游客、本地居民、旅游从业者开展的旅游倡议案例研究也表明，旅游倡议兼具内容效用与营销效用，即旅游倡议不仅可以柔性、长效地解决旅游问题，发挥旅游倡议的管理价值，同时也兼具旅游营销价值。但研究同时发现，当前旅游倡议在其发布与实施中仍存在诸多问题，制约旅游倡议内容效用与营销效用的有效释放。另外伴随社会发展，旅游业运营中必然会产生诸多与利益主体相关的旅游新问题，而在相关法律规范尚未出台之际或面对需要根源性解决的旅游问题，以人为中心的旅游倡议仍是旅游管理的最优选择。因而，有必要探究旅游倡议实施效用的最大化路径，以期科学指导旅游倡议的高效开展。

一、效用最大化导向下旅游倡议的提升策略

（一）权威机构主导或参与旅游倡议的编制和发布

旅游业健康、可持续发展涉及诸多利益主体。当面对旅游业发展中出现的、迫切需要通过倡议解决的问题，虽然各利益主体均有责任、有义务

开展旅游倡议，但旅游倡议主体是否具有权威性却关乎旅游倡议的可信度、传播力和影响力。由此，基于倡议效用最大化导向，旅游倡议主体一般应为国家与地方的旅游管理部门、旅游行业协会等权威机构，旅游倡议内容也应由权威机构主导编制与发布。即使某些由旅游企业、旅游专家学者、旅游者等其他利益主体率先认知的、影响深远的旅游问题，出于倡议效用最大化需求，也应积极联合权威机构参与旅游倡议的编制与发布。例如，郭来喜、王兴中等10名国内著名学者，于2011年提出《关于建立"秦巴山地生态旅游省际合作试验区"并将其纳入国家主体功能区开发战略的倡议》（郭来喜等，2011），虽然倡议主题意义重大、倡议主体也均为行业著名学者，但由于倡议主体在旅游行业中的权威性与影响力略显不足，致使该倡议未能获得国家与地方政府、旅游企业等客体的有效响应。

（二）倡议主题宜关注普遍存在且影响深远的典型旅游问题

旅游业是综合性服务行业，其发展运行中涉及餐饮、住宿、运输等诸多关联产业，以及旅游服务主体、客体、管理者等多元主体，且旅游业关联产业的范围与利益主体的需求也伴随时代进步而呈扩大态势。关联产业与利益主体的多元性必将导致旅游业在发展更迭中不断涌现新兴旅游问题，如时下网络社交平台中的旅游地"照骗"问题。由于法律规范未能及时、有效根治的所有旅游问题，旅游倡议这一柔性、长效管理举措则成为旅游管理中的重要选择。虽然旅游倡议具有应用场景多、管理方式柔和、效果好等诸多优点，但其所倡导的行为规范也对倡议客体存在一定的权益剥夺。多主题、高频次的旅游倡议在耗费大量人力、物力、财力同时，也将引发倡议客体产生心理抗拒，致使倡议效用不佳。因而，并非所有旅游问题均可通过旅游倡议方式予以引导解决。

在倡议效用最大化导向下，旅游倡议主题应选择普遍存在且影响深远的典型旅游问题，从道德规范层面引导倡议客体改变行为理念以解决问题。当然，个别旅游地面对暂时无法解决且又对游客综合体验影响较大的旅游问题，即非普遍存在但对游客旅游体验影响极大的旅游问题，如景区超载，也可作为旅游倡议主题予以关注，但此类主题的旅游倡议宜选择特定群体范围、低频次发布，则可在弱化倡议客体权益剥夺感知之中产生较好的倡议效用。另外，单项旅游倡议应选择单一倡议主题，力避多主题共同发布而致使倡议客体多元、针对性弱且倡议内容庞杂，难以获得倡议客体有效关注与响应等问题。

（三）旅游倡议内容应要素全面、表达简洁

倡议的建议、引导属性决定旅游倡议必须具有极强的说服力方可产生高效用，而说服力产生的前提则是倡议客体对倡议内容的认知层次与理解深度。因而，旅游倡议内容除倡议客体的行为规范建议之外，还应包含倡议产生的背景、倡议的价值或意义等内容，以强化倡议客体对倡议的认知、理解层次，激发倡议客体参与旅游倡议的责任感与自豪感。同时，为促进倡议客体更好地接受并执行旅游倡议内容，旅游倡议还应告知客体接受旅游倡议的补偿措施或违反旅游倡议的惩戒措施等内容。如果某旅游倡议为短时段倡议（如"让景于客"倡议），则在旅游倡议中应明确倡议的有效适用时段以弱化倡议的负面影响（如倡议客体的剥夺感知）。综上分析，效用最大化导向下的旅游倡议内容应遵从"OBVSM"要素模式，即旅游倡议内容应包括"倡议客体（Object）+ 倡议背景（Background）+ 倡议价值或意义（Value/Significance）+ 倡议要求（behavioral Suggestions）+ 惩戒或补偿措施（disciplinary or compensatory Measures）+ 适用时段（time span）（可选）"等要素。

虽然最优旅游倡议的内容涉及要素较多，但旅游倡议内容表达仍需简洁明了以强化可读性。研究表明，成年人平均阅读速度为200~300字/分钟（高静、焦男兵，2016）。在当前移动互联网络时代，碎片化阅读已成为时下的内容消费趋势，3分钟似已成为短资讯阅读的时长门槛。因而，旅游倡议内容字数应控制在800字左右，最优旅游倡议书字数应在500字以内。字少、要素全面，则要求旅游倡议的内容表达应言简意赅、重点突出、条理清晰，并结合拟发布的传播媒介类型与用户移动终端特征，设计

倡议内容的版式、切换方式与频率等内容表达方式。

（四）依据倡议客体与受益群体偏好选择旅游倡议传播媒介

传统倡议发布往往侧重于倡议客体对倡议内容的认知与执行，即关注倡议的内容效用。而本书研究表明，旅游倡议多兼具内容效用与营销效用。因而，与传统倡议发布媒介选择不同，旅游倡议发布应同时关注倡议客体与受益群体的共同媒介偏好，与时俱进选择流行传播媒介或平台，以期同时实现旅游倡议的内容效用与营销效用最大化。

基于时下移动互联网络时代特征，网络社交平台已成为国内外游客的主流媒介平台，但不同群体对于网络社交平台的应用偏好也存在较大差异。如国外游客主要偏好脸书（Facebook）、油管（YouTube）、Instagram、TikTok、LinkedIn、推特（Twitter，现已更名为"X"）等，国内游客主要偏好抖音、快手、微博、小红书、哔哩哔哩（简称"B站"）、知乎、微信视频号等；国内年青女性偏好小红书，青年高知群体偏好B站等。因而，旅游倡议发布媒介选择不仅应关注传播媒介类型，同时也应关注倡议客体与受益群体所偏好的具体媒介平台，并基于大数据算法向倡议客体和受益群体进行精准推送。例如，面向入境旅游者的旅游倡议可通过短视频形式在Facebook和YouTube等社交平台进行精准发布。

（五）构建信息双向反馈机制提升旅游倡议实施效用

传统旅游倡议实施多为倡议主体向倡议客体的单向信息传播，忽略了倡议客体的利益主体身份与能动性，且所传播信息仅限于旅游倡议内容。倡议主客体之间双向信息互动的缺失，不仅导致难以及时掌握倡议客体视角下旅游倡议实施中的问题与不足，同时也存在因参与不足而产生的倡议客体对旅游倡议参与的主动性和责任感弱化、倡议客体对旅游倡议权益剥夺感知的强化等问题。而倡议主体向客体反馈倡议实施效用信息的缺失，也不利于倡议客体对旅游倡议参与热情的持续性。因而，基于倡议效用最大化需求，旅游倡议实施中有必要构建信息双向反馈机制，即构建旅游倡议信息双向反馈机制，通过倡议客体向主体的信息反馈以优化旅游倡议实施中的内容表达、传播媒介选择、工作方式、实施流程等，增强倡议客体对旅游倡议的主体感与责任感并弱化权益剥夺感知，通过倡议主体向客体的信息传递激发倡议客体的成就感和持续参与热情。

（六）构建惩戒与补偿机制保驾旅游倡议有效实施

旅游倡议本质是一种柔性管理方法，其管理应用中需重视对管理对象的激励但却不排斥刚性管理成分，即刚柔并济、互为补充方可高效实现柔性管理目标（卓宵、何庆华，2010）。同时，旅游倡议是基于现存在的旅游问题而面向相关客体发布的行为规范建议，必然会与引发旅游问题的倡议客体的既有行为方式、理念等存在较大差异。而单纯依赖建议、引导以改变倡议客体既有行为方式、理念等，则往往受倡议客体的文化素养与道德品质等影响，一般难以获得较好效果。因而，旅游倡议必须激励与惩戒并举（即构建惩戒与补偿机制），方能敦促倡议客体改变行为方式。惩戒与补偿机制实施中，具体采用惩戒还是补偿机制则取决于倡议客体引发旅游问题的行为性质。例如，旅游倡议所建议的行为规范属于既有法规、道德等限定的不良行为，如文明旅游、诚信经营，则对倡议客体适用惩戒机制；若旅游倡议的行为建议是既有法律规范所未涵盖的行为或优秀道德品质要求，且对倡议客体的权益产生较大剥夺，如"让景于客"，则对倡议客体适用补偿机制。

旅游倡议的惩戒与补偿机制构建中，惩戒与补偿方式并非局限于经济惩戒与补偿，公告（如通报与表扬感谢）、旅游机会剥夺或奖励等也是有效的方式选择，具体应结合旅游倡议的内容要求、倡议客体行为的受影响程度或权益剥夺等具体情况而设定、执行。

（七）主—介联动营造旅游倡议沉浸式传播环境

依据旅游倡议传播机制分析结论，倡议主体并非旅游倡议传播体系中的唯一传播主体，而倡议客体也并非单纯地接受旅游倡议。在旅游倡议传播体系中，旅游地（景区）、倡议客体、受益群体等，在接受倡议主体发布的旅游倡议内容后也可能转变为旅游倡议的传播者，并通过倡议转发、行为示范、行为认同、行为监督、语言规范或激励等方式，向尚未接受旅游倡议的客体进行二次传播，即旅游地（景区）、已接受旅游倡议的客体、受益群体等转变为旅游倡议的传播介体与倡议主体有机联动，在旅游地（景区）、惯常居住地等场域全方位营造旅游倡议的沉浸式传播环境，促使尚未接受旅游倡议的倡议客体在潜移默化中接受旅游倡议。因而，在旅游倡议效用最大化导向下，倡议主体应重视旅游地（景区）、倡议客体、受益群体等传播介体的价值，通过多元激励与补偿方式等有效激发传播介体的传播主动性与积极性，主—介联动多场域营造旅游倡议的全方位、沉浸式传播环境。

二、效用最大化导向下旅游倡议实施的多维路径

基于"5W"传播理论、价值共创理论、系统理论等和本书有关旅游倡议的内涵、效用影响机制研究结论，以及旅游倡议优化策略等，从旅游倡议实施的前、中、后三个阶段，探究效用最大化导向下旅游倡议实施的全周期闭环路径、信息双向反馈路径、惩戒与补偿路径、主—介联动全方位传播路径。

（一）旅游倡议全周期闭环路径

本书研究表明，旅游倡议效用包括内容效用与营销效用，其具体效用既受倡议客体的传播媒介偏好、倡议内容感知和权益剥夺感知等因素影响，同时也受旅游倡议受益群体的媒介偏好、效用感知等因素影响。结合"5W"传播理论的传播者、传播内容、传播媒介、受传者和传播效果五大要素，本书研究基于系统理论分析认为效用最大化导向下的旅游倡议实施路径应涵盖旅游倡议前、中、后三个阶段的多个要素。具体包括旅游倡议发布前的倡议主体、倡议主题、内容表达与媒介选择，旅游倡议发布中的倡议客体与受益群体的媒介偏好、内容和效用感知、参与行为，以及旅游倡议发布后的倡议效用评价等要素。效用最大化导向下旅游倡议全周期闭

环路径是旅游倡议实施的基础路径，具体实施路径如图 7-1 所示。

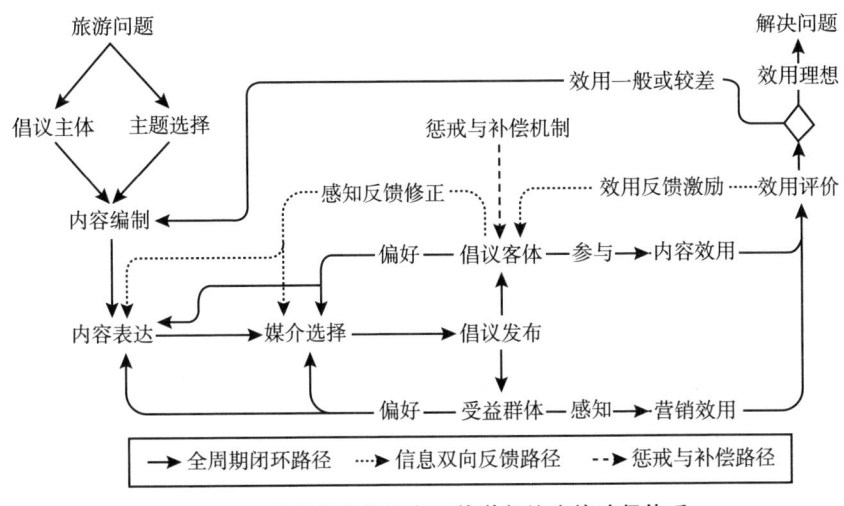

图 7-1　效用最大化导向下旅游倡议实施路径体系

旅游倡议全周期闭环实施路径具体操作中，面对旅游业发展中存在的诸多旅游问题，由权威主体选择普遍存在且影响深远的典型旅游问题作为旅游倡议主题，编制涵盖倡议客体、倡议背景、倡议价值或意义、倡议要求、惩戒或补偿措施五大内容要素（即"OBVSM"要素模式），且言简意赅、重点突出、条理清晰的旅游倡议书，依据倡议客体与受益群体的传播媒介偏好选择旅游倡议发布媒介，并通过对旅游倡议实施后的内容效用与营销效用进行科学评价，以决策是否需要继续开展本主题的旅游倡议。如果倡议效用的评价结果理想，则表明成功解决此次旅游倡议所关注的问题，即可结束本次旅游倡议。如果倡议效用的评价结果一般或较差，则转入内容编制环节，重新修正、优化旅游倡议的内容编制与表达、媒介选择、工作方式等，开启新一轮旅游倡议活动。如此，通过倡议前、中、后三阶段、多要素、闭环式实施，即可实现旅游倡议的效用最大化。

（二）旅游倡议信息双向反馈路径

旅游倡议是以人为中心的旅游管理方法，其发布实施过程中涉及倡议主体、倡议客体与受益群体三大核心利益主体。传统旅游倡议发布实施中，倡议内容（信息）自倡议主体传递至倡议客体，倡议客体响应倡议内容同时将信息转换为倡议效用，但由于倡议效用评价环节缺失而致使仅有少量效用信息传递至倡议主体。由此可以看出，传统旅游倡议发布实施中的信息传递属于单向、递减流动。此种旅游倡议信息传递模式，大幅制约了旅游倡议效用的最大化。

基于效用最大化导向，依据价值共创理论与系统理论，旅游倡议发布实施中应构建倡议主体与倡议客体、受益群体之间的信息双向传递路径（见图7-1），即倡议主体不仅应向倡议客体和受益群体同时发布旅游倡议信息，也应将倡议效用评价信息（包括内容效用与营销效用）反馈至倡议客体，以增强倡议客体的参与感与责任感，并激励、强化倡议客体的旅游倡议持续参与意愿。同时，倡议客体与受益群体也不仅是倡议相关信息的简单接收者，其对传播媒介偏好信息的反馈也是倡议主体科学选择发布媒介的重要依据，倡议客体对旅游倡议内容与表达的感知信息反馈，则可促进倡议主体修正、优化旅游倡议的内容表达与传播。旅游倡议信息双向、及时有效的反馈互动，其所产生的大量、高质信息流动必然会促进旅游倡议在实施中不断自我修正与完善各个环节，实现旅游倡议的高效优质传播。

（三）旅游倡议惩戒与补偿路径

倡议的建议、引导属性决定了倡议内容实施的非强制性，且倡议内容本身也是基于现存旅游问题而提出，必然与倡议客体既有的行为方式、认知理念等存在较大偏差，同时也将对倡议客体产生一定的权益剥夺。因而，面向倡议客体单纯发布旅游倡议，必然存在倡议客体热情不高、响应不足等问题，致使旅游倡议实施效用有限。

基于效用最大化导向，旅游倡议发布实施中面向倡议客体构建惩戒与补偿机制（见图7-1），通过威慑与激励方式督促倡议客体改变行为方式，接受并积极参与旅游倡议，即构建旅游倡议惩戒机制，通过旅游法规惩处、媒体曝光、经济处罚、旅游机会剥夺等具体管理方式，威慑或规范倡议客体可能或已经产生的违反旅游倡议内容的行为；构建旅游倡议补偿机制，通过公告表扬或感谢、经济补偿、旅游机会补偿、荣誉称号等方式，激励倡议客体支持并积极参与旅游倡议，补偿倡议客体因参与倡议内容所产生的权益剥夺。旅游倡议惩戒与补偿机制所具有的正向激励、负向威慑价值，必将大幅提升倡议客体的持续参与和响应旅游倡议的主动性，实现旅游倡议效用的最大化。

（四）主—介联动全方位旅游倡议传播路径

传统旅游倡议往往由既定的单一传播主体面向既定传播区域的客体发布与传播。虽然倡议主体在特定区域发布旅游倡议可以实现旅游倡议的高效传播，但却限定了旅游倡议的传播群体维度与空间维度，忽略了其他群体在多个场域对于旅游倡议的传播价值，不利于实现倡议效用的最大化。由于传播客体的活动空间并非局限于旅游场域，同时传播客体也与周边其他群体之间存在不同频次与不同层次的接触。因而，有必要转变其他群体为旅游倡议的传播介体以发挥其对旅游倡议的传播价值，通过主—介联动方式在旅游场域、生活场域等空间全方位营造旅游倡议传播环境。效用最大化导向下主—介联动全方位旅游倡议传播路径如图7-2所示。

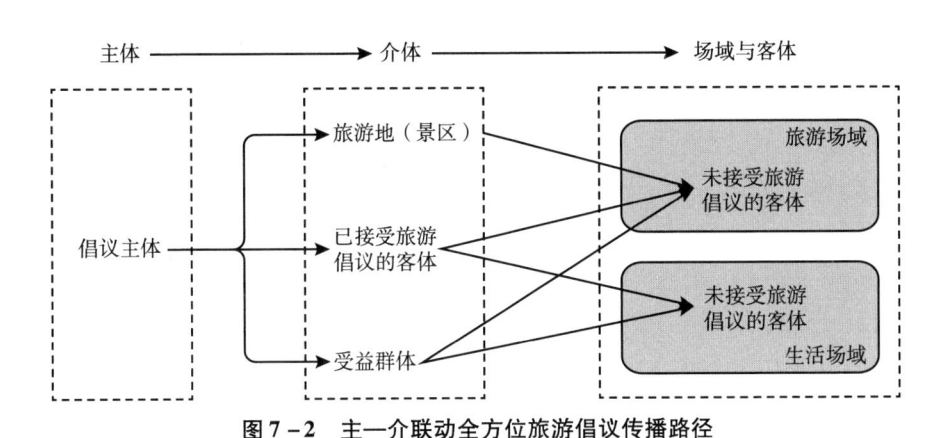

图7-2 主—介联动全方位旅游倡议传播路径

主—介联动全方位传播路径是对旅游倡议的二次传播。在倡议主体计划发布旅游倡议之时，可同时委托旅游地（景区）为旅游倡议的传播介体进行同时发布，实现旅游倡议在旅游场域的有效覆盖；在旅游倡议发布之后，倡议主体则可通过多元激励与补偿的方式将已接受旅游倡议的客体与受益群体转变为传播介体，促使其成为旅游场域、生活场域等多个空间中旅游倡议的传播者、示范者、监督者，以全方位、沉浸式、交互性传播方式潜移默化地改变倡议客体的认知理念、行为方式。

第八章

研究结论与展望

一、研究结论

本书基于大众旅游时代文旅产业高质量发展需求与行业实践背景，结合倡议客体与受益群体对文明旅游倡议、"让景于客"倡议、诚信经营倡议三大典型旅游倡议的感知数据，从利益相关者视角探究旅游倡议的内涵与逻辑、效用评价与影响机制、实施路径优化等科学问题，形成如下研究结论。

（一）旅游倡议的内涵与逻辑方面

1. 旅游倡议是旅游管理部门面向旅游利益相关者公开发布的规范性行为建议

本书基于旅游倡议发展实践与倡议相关研究结论分析认为，旅游倡议是旅游业管理部门或相关组织为保护旅游地资源与环境、保障游客旅游综合体验质量、确保旅游地文旅产业高质量可持续发展，在法律规范、运营管理、设施服务等现有条件下，面对暂时无法有效解决危及旅游发展的具体问题，而向旅游景区管理者、旅游从业者、游客、本地居民等利益相关者群体公开发布的规范性行为建议。旅游倡议本质是"以人为中心"的柔性旅游管理方法，具有倡议主体权威性、倡议客体广泛性、倡议问题典型性、倡议内容约束性、倡议价值深远性、倡议实施引导性、倡议效用利他性、倡议发布与响应的非经济性等诸多特征。

2. 旅游倡议是大众旅游时代根治与利益主体相关旅游问题的最优柔性管理方法

本书基于典型旅游倡议的形成原因分析表明，大众旅游时代游客的低门槛、大规模、高频次旅游活动，诱发各类与利益主体相关的旅游问题不断涌现。而各类旅游问题发生的瞬时性与空间的不确定性等，也致使现行旅游管理产生"举证难、执法难"困境。但"以人为中心"的旅游倡议则可通过建议、引导等柔性方式，逐步规范和改变利益相关者的认知、理念及行为，从而实现与利益主体相关旅游问题的内生式、根源性治理。因而，难以规治的与利益主体相关旅游问题所引发的游客旅游体验质量下降、文旅产业的高质量可持续发展面临挑战等，是旅游倡议的生成背景。而旅游倡议所具有的柔性、内生式、根源性解决旅游问题的价值，则促使其成为旅游管理中的最优选择。在旅游倡议的具体运行中，旅游地现存典型问题与高质量发展目标分别是旅游倡议的出发点与终点，倡议主客体围绕倡议内容与传播媒介的有机互动是旅游倡议目标高效实现的关键，而倡议主体的责任心和倡议客体的文化素养、道德品质则是倡议实施的核心因素。旅游倡议主要通过等级扩散、传染扩散、迁移扩散与刺激扩散等方式，在不同区域、不同群体间进行传播。

(二) 旅游倡议的效用评价与影响机制方面

1. 旅游倡议兼具内容效用与营销效用，且营销效用一般大于内容效用

旅游倡议通过大众媒介公开发布，其信息受众不局限于倡议客体，因而旅游倡议在本质上也是一次市场营销活动。本书基于典型旅游倡议案例研究表明，旅游倡议兼具内容效用与营销效用。一般而言，旅游倡议的内容效用多由倡议客体产生，即倡议客体对旅游倡议内容的认同、接受与响应。但在某些外部因素影响下，如景区吸引力变化，倡议客体也会在旅游倡议中产生营销效用。旅游倡议的营销效用多由倡议受益群体产生，即受

益群体在知晓旅游倡议之后对旅游地产生的心理距离、旅游意愿等。当倡议客体与受益群体为同一群体时，如文明旅游倡议的客体与受益群体均为游客，旅游倡议可同时产生内容效用与营销效用。而基于三个典型旅游倡议的效用维度比较结果表明，旅游倡议的营销效用一般大于内容效用。

2. 倡议客体的收益感知、权益剥夺感知与内在品性等显著影响旅游倡议的内容效用

本书中典型旅游倡议效用的影响机制研究显示，游客作为文明旅游倡议客体，其素养与责任、权益剥夺感知、旅游需求等正向显著影响文明旅游倡议的内容效用，而游客的人口学特征与文明旅游倡议效用则属于"相关而无影响"关系；作为"让景于客"倡议客体的本地居民，其收益感知与个体品性正向显著影响"让景于客"倡议的内容效用，而居民的权益剥夺感知则负向显著影响"让景于客"倡议的内容效用；作为诚信经营倡议客体的旅游从业者，其对诚信经营的价值认知、规范惩处、收益感知等正向显著影响诚信经营倡议的内容效用，而行业特征与服务对象属性则对诚信经营倡议的内容效用并无显著影响。综合三个典型旅游倡议内容效用的影响机制分析表明，倡议客体的收益感知、权益剥夺感知和内在品性等是旅游倡议内容效用的核心影响因素。

3. 受益群体的倡议内容感知、倡议客体感知与人口学特征等显著影响旅游倡议的营销效用

"让景于客"倡议效用影响机制研究显示，游客作为景区"让景于客"倡议的受益群体，其对景区倡议内容所产生的心理反应、心理距离、实施效果感知，对倡议客体的倡议配合度、利益剥夺和好感等方面感知，以及游客人口学特征中的来源地区等均对旅游倡议的营销效用产生正向显著影响；旅游行业诚信经营倡议效用影响机制研究显示，游客作为诚信经营倡议的受益群体，其对诚信经营倡议所产生的心理距离、效果感知等均显著影响旅游倡议的营销效用。综合"让景于客"倡议与诚信经营倡议的营销效用形成机制研究表明，受益群体的倡议内容感知、倡议客体感知与人口学特征等显著影响旅游倡议的营销效用。

（三）旅游倡议的实施路径方面

效用最大化导向下旅游倡议应综合实施全周期闭环路径、信息双向反馈路径、惩戒与补偿路径、主—介联动全方位传播路径。

本书基于"5W"传播理论、价值共创理论、系统理论和旅游倡议的内涵、效用影响机制研究结论，提出效用最大化导向下旅游倡议的全周期闭环路径、信息双向反馈路径、惩戒与补偿路径、主—介联动全方位传播路径。其中，全周期闭环路径是旅游倡议实施的基础路径，具体包括旅游倡议发布前的倡议主体、倡议主题、内容表达与媒介选择，旅游倡议发布中的倡议客体与受益群体的媒介偏好、内容和效用感知、参与行为，以及旅游倡议发布后的倡议效用评价等要素。信息双向反馈路径，即倡议主体不仅向倡议客体和受益群体传递倡议内容，同时也应反馈倡议实施的效用评价信息，是旅游倡议实施的信息优化路径。倡议客体与受益群体不仅是倡议相关信息的简单接收者，也是倡议内容、媒介偏好感知信息的反馈者。惩戒与补偿路径是旅游倡议实施的保障路径，通过对倡议客体违反法律、法规，突破道德底线行为进行惩戒以威慑、规范客体行为，针对倡议客体权益剥夺进行补偿以激励其参与的主动性、持续性。主—介联动全方位传播路径是旅游倡议的效用拓展路径，是倡议主体与旅游地（景区）、已接受旅游倡议的客体与受益群体等传播介体联动，充分发挥传播介体的传播、示范、监督等价值，促使旅游倡议在旅游场域、生活场域等空间进行二次传播，实现旅游倡议在时间、空间、人员维度的效用拓展。

二、研究展望

本书虽然系统探究了旅游倡议的内涵与逻辑、效用评价与影响机制、实施路径优化等科学问题，但结合旅游倡议研究需求，今后仍可从以下三个方面开展研究予以深化。

第八章 研究结论与展望

（一）拓展旅游倡议研究的利益相关者范畴

本书涉及的旅游倡议的内涵与逻辑、效用评价与影响机制、实施路径研究，均是基于利益相关者中的倡议客体与受益群体视角。虽然倡议客体与受益群体是旅游倡议的核心利益主体，且均对旅游倡议的实施效用具有较大影响，但作为旅游倡议主体与实施主体的旅游管理部门、行业协会、旅游地（景区）管理者等，也是旅游倡议中的核心利益相关者。倡议主体在旅游倡议的主题选择、内容编制与表达等方面，倡议实施主体在旅游倡议的传播媒介选择、人力物资调配、信息互动、惩戒补偿等方面，均具有极其重要且不可替代的作用。因而，有必要在后续研究中拓展旅游倡议的利益主体视角，从倡议主体视角开展旅游倡议的效用与影响机制研究。

（二）关注旅游倡议实施中利益主体之间的有机互动

本书涉及的旅游倡议效用研究虽然关注倡议客体与受益群体两大核心利益主体，但由于本书主要关注旅游倡议的综合效用与影响机制，研究设计相对宏观，未能结合典型旅游倡议而开展倡议客体与受益群体之间的互动研究。旅游倡议在实施与运行中涉及诸多利益相关主体，且各利益主体之间也不可避免地会产生诸多互动，如信息传播与反馈、情感交流、权利让渡等。而旅游倡议体系中各利益主体间的多维有机互动，也必然影响旅游倡议的高效运行与实施效用。因而，后续研究中有必要结合具体旅游倡议，系统分析利益相关者之间的互动关系，剖析利益主体互动对于旅游倡议效用的影响机制。

（三）探究旅游倡议实施补偿机制

旅游倡议始于与利益主体相关的旅游问题，实施旅游倡议必然会对倡议客体产生一定的权益剥夺。因而，弱化甚至消解倡议客体的权益剥夺感知，是旅游倡议高效实施过程中需要关注的核心问题之一。旅游倡议是旅游管理中的柔性管理方法，弱化或消解倡议客体的权益剥夺感知也应采用柔性措施。所以，有必要构建旅游倡议实施补偿机制，通过补偿机制提升倡议客体的旅游倡议响应度。依据生态补偿、文化补偿（杨军辉，2017）相关理论，旅游倡议实施补偿机制构建应结合旅游倡议实际，关注"为何补？谁来补？补给谁？补多少？如何补？"等关键基础问题，以明确旅游倡议实施补偿的必要性、补偿主体、补偿客体、补偿标准、补偿方式等补偿机制构成要素，方可科学助力旅游倡议高效实施。

参 考 文 献

[1] 爱德华·弗里曼著,王彦华,梁豪译. 战略管理:利益相关者方法 [M]. 上海:上海译文出版社,2006.

[2] 白玲,余若男,黄涛,等. 农户对旅游的影响认知、满意度与支持度研究——以北京市自然保护区为例 [J]. 干旱区资源与环境,2018,32 (1):202-208.

[3] 毕莹竹. 基于MOA模型的不文明旅游行为影响机理及治理对策研究 [D]. 北京:北京林业大学,2022.

[4] 蔡克信,周洁. 乡村旅游地居民相对剥夺感水平评价:指标体系构建与实证研究 [J]. 贵州师范大学学报(自然科学版),2023,41 (3):11-18.

[5] 蔡雪洁. 柔性管理在旅游企业中的应用研究 [J]. 赤峰学院学报(自然科学版),2014,30 (9):57-59.

[6] 柴健,唐仲霞,白嘉奇,等. 国家公园背景下旅游地居民参与旅游的能力和意愿关系研究——以祁连山国家公园青海片区为例 [J]. 干旱区资源与环境,2022,36 (4):192-199.

[7] 柴麒敏,傅莎,温新元. 基于BRIAM模型的"一带一路"国家低碳能源发展情景研究 [J]. 中国人口·资源与环境,2020,30 (10):1-11.

[8] 陈榕. 旅游业的诚信缺失问题探析 [J]. 征信,2013 (8):64-66.

[9] 陈士超,陈雪,左合君,等. 网络负面评论对沙漠旅游区游客抗拒行为的影响研究 [J]. 干旱区资源与环境, 2024, 38 (2): 158-164.

[10] 陈顺明. 出境旅游热的"冷"思考——从我国出境旅游者不文明行为谈起 [J]. 资源开发与市场, 2007, 23 (3): 281-283.

[11] 陈文捷,李想,陆怡冰,等. 一带一路倡议与大湄公河次区域经济带旅游合作内生动力研究 [J]. 广西民族大学学报 (哲学社会科学版), 2017, 39 (6): 54-60.

[12] 陈雪,左合君,陈士超,等. 基于结构方程模型的沙漠旅游区游客行为意向的影响研究——以响沙湾旅游区为例 [J]. 中国沙漠, 2023, 43 (3): 119-126.

[13] 陈志钢,刘丹,刘军胜. 基于主客交往视角的旅游环境感知与评价研究——以西安市为例 [J]. 资源科学, 2017, 39 (10): 1930-1941.

[14] 崔登峰,李锦秀,王海忠. 中国企业品牌"出海":"一带一路"倡议如何提升企业品牌价值 [J]. 外国经济与管理, 2024, 46 (8): 103-119+137.

[15] 杜志雄,宋瑞. "一带一路"倡议与我国城市旅游经济发展——以嘉峪关市为例 [J]. 甘肃社会科学, 2018 (3): 103-108.

[16] 范春梅,吴阳,李华强. 奖惩机制和游客参与下的低价游监管——基于三方演化博弈视角 [J]. 管理评论, 2022, 34 (3): 290-300.

[17] 冯晓兵,马力强,刘群,等. 目的地旅游信用评价与管理体系建设——以四川省乐山市为例 [J]. 征信, 2018, 36 (6): 40-45.

[18] 冯晓华,汪锦,虞敬峰. 天山天池景区居民旅游影响感知及旅游参与 [J]. 干旱区资源与环境, 2015, 29 (12): 227-232.

[19] 高静,焦勇兵. 社会化媒体信息源对旅游者行为意图的影响:感知有用性与可信度的中介作用 [J]. 旅游论坛, 2016, 9 (3): 17-26.

[20] 葛鹏飞,黄秀路,韩先锋. 创新驱动与"一带一路"绿色全要素生产率提升——基于新经济增长模型的异质性创新分析 [J]. 经济科学,

2018 (1): 37-51.

[21] 龚金红, 谢礼珊, 彭家敏. 旅行社服务不诚信行为如何影响顾客信任——心理契约违背与企业声誉的作用 [J]. 旅游学刊, 2014, 29 (4): 55-68.

[22] 龚晶晶, 唐文跃. 乡村旅游地居民相对剥夺感: 量表开发与实证检验 [J]. 旅游学刊, 2022, 37 (11): 64-74.

[23] 郭来喜, 王兴中, 刘晓霞, 等. 关于建立"秦巴山地生态旅游省际合作试验区"并将其纳入国家主体功能区开发战略的倡议 [J]. 2011 (1): 160.

[24] 郭鲁芳, 李如友. 国人不文明旅游行为的治本之道 [J]. 旅游学刊, 2016, 31 (7): 11-12.

[25] 郭鲁芳, 袁义霞. 旅游信用缺失的经济学分析 [J]. 科技进步与对策, 2004 (2): 133-135.

[26] 郭庆宾, 曾德源, 彭艳清. "一带一路"倡议对沿线国家的资源配置效应 [J]. 中国软科学, 2023 (11): 122-132.

[27] 郭志蒙, 白雨, 于文成. 双重监管下的乡村旅游厕所工程长效管护策略研究——考虑奖惩机制与两类维护模式 [J]. 旅游科学, 2022, 36 (3): 130-146.

[28] 国家旅游局局长: 黑名单让不文明游客长记性 [EB/OL]. 人民网, 2015-04-15, https://moment.rednet.cn/rednetcms/news/indexNews/20150407/87794.html.

[29] 韩华. 梁启超倡议创办中国文化学院析论 [J]. 四川师范大学学报 (社会科学版), 1998, 25 (1): 132-138.

[30] 韩元军. 基于"一带一路"构建全球旅游治理新秩序 [J]. 旅游学刊, 2017, 32 (5): 10-11.

[31] 何芙蓉, 胡北明. "一带一路"倡议对我国沿线省份旅游高质量发展影响效应评估——基于DID模型的实证分析 [J]. 经济体制改革, 2020 (3): 46-52.

[32] 侯玉波. 社会心理学（第二版）[M]. 北京：北京大学出版社，2007.

[33] 侯志强，曹咪，吴贵华. "一带一路" 倡议的入境旅游政策效应——福建省经验数据的实证 [J]. 华侨大学学报（哲学社会科学版），2021（4）：62-76.

[34] 胡抚生. "一带一路" 倡议背景下跨境旅游合作区建设的思考 [J]. 旅游学刊，2017，32（5）：1-3.

[35] 胡华. 中国游客不文明行为归类及归因研究 [J]. 生态经济，2014，30（7）：116-118.

[36] 华萍. 基于区块链技术的文旅产业诚信管理平台构建研究 [J]. 征信，2021，39（6）：50-54.

[37] 黄宏斌，李圆圆，许晨辉. "一带一路" 倡议推动了我国企业的跨国协同创新吗？[J]. 财经研究，2024，50（6）：108-122.

[38] 黄锐，谢朝武，赖菲菲. "一带一路" 倡议对沿线目的地国家旅游发展影响研究——基于引力模型和双重差分的实证检验 [J]. 地理与地理信息科学，2022，38（4）：120-129.

[39] 黄细嘉，李凉. 全域旅游背景下的文明旅游路径依赖 [J]. 旅游学刊，2016，31（8）：13-15.

[40] 贾生华，陈宏辉. 利益相关者的界定方法述评 [J]. 外国经济与管理，2002，24（5）：13-18.

[41] 贾衍菊，李昂，刘瑞，等. 乡村旅游地居民政府信任对旅游发展支持度的影响——地方依恋的调节效应 [J] 中国人口·资源与环境，2021，31（3）：171-183.

[42] 贾子方. 国际社会对全球安全倡议的认知述评 [J]. 国外理论动态，2023（5）：11-17.

[43] 江盼. "一带一路" 倡议推进面临的政治安全风险及应对 [D]. 南昌：南昌大学，2019.

[44] 焦彦. "一带一路"：旅游撬动文化资源的新支点 [J]. 旅游学

刊，2017，32（5）：11-13.

［45］寇明龙，孙慧，闫新杰."一带一路"倡议促进经济发展了吗？——基于数量和质量双重视角［J］.生态经济，2023，39（8）：52-58+69.

［46］赖斌.国家旅游信用体系的构建［J］.社会科学家，2016（2）：75-79.

［47］雷洋，黄承锋，陈泽.土耳其"中间走廊"倡议：基础、动因及地缘政治影响［J］.世界地理研究，2020，29（3）：460-468.

［48］李伯华，易韵，窦银娣，等.城乡融合、价值重拾与文化适应：传统村落文化遗产保护与活化——以江永县兰溪村为例［J］.人文地理，2023（6）：115-124.

［49］李龙强.公民环境治理主体意识的培育和提升［J］.中国特色社会主义研究，2017（4）：84-88.

［50］李萌，何春萍.游客不文明旅游行为初探［J］.北京第二外国语学院学报，2002（1）：26-28.

［51］李梦茜."一带一路"倡议下中国企业"走出去"政治风险分析［D］.长春：吉林大学，2019.

［52］李天元，向招明.目的地旅游产品中的好客精神及其培育［J］.华侨大学学报：哲学社会科学版，2006（4）：66-72.

［53］李恬怡.仪式情境中敬畏情绪对游客文明旅游行为的影响研究［D］.太原：山西大学，2023.

［54］李杨.生态伦理与森林旅游者旅游文明行为意向关系研究［D］.长沙：中南林业科技大学，2019.

［55］李正欢，郑向敏.国外旅游研究领域利益相关者的研究综述［J］.旅游学刊，2006，21（10）：85-91.

［56］梁松柏.旅游文明视阈下我国国家形象的塑造［J］.学术研究，2018（11）：68-72.

［57］廖慧怡.基于《里山倡议》的乡村旅游发展途径初探——以台

湾桃园地区对乡村旅游转型的需求为例 [J]. 旅游学刊, 2014, 29 (6): 76-86.

[58] 廖继武. 旅游剥夺: 边缘地旅游旺丁不旺财的学理解析 [J]. 旅游学刊, 2015 (30): 34-42.

[59] 廖维俊, 何有世. 非惯常环境旅游者不文明行为是如何形成的?——基于相对剥夺理论视角的扎根研究 [J]. 干旱区资源与环境, 2018, 32 (6): 194-201.

[60] 林民旺. 印度对"一带一路"的认知及中国的政策选择 [J]. 世界经济与政治, 2015 (5): 42-57+157-158.

[61] 林德荣, 刘卫梅. 旅游不文明行为归因分析 [J]. 旅游学刊, 2016, 31 (8): 8-10.

[62] 林禹秋. 国家公园旅游不文明行为的治理逻辑与法治因应 [J]. 世界林业研究, 2024, 37 (1): 130-137.

[63] 刘博, 姜安印. 融入"一带一路"与西北地区高水平对外开放研究——基于共建"一带一路"倡议提出10周年的视角 [J]. 新疆社会科学, 2023 (6): 1-14.

[64] 刘晨. 山岳型旅游景区游客文明旅游行为意向影响机理研究 [D]. 桂林: 桂林理工大学, 2023.

[65] 刘海滨. "欧洲大学"倡议及其对"一带一路"高等教育合作发展的启示 [J]. 重庆高教研究, 2020, 8 (6): 58-68.

[66] 刘佳, 滕金凌. 红色旅游资源开发中敬畏感与自豪感对游客文明旅游行为意向的驱动机制 [J]. 自然资源学报, 2021, 36 (7): 1760-1776.

[67] 刘静艳. 从系统学角度透视生态旅游利益相关者结构关系 [J]. 旅游学刊, 2006, 21 (5): 17-21.

[68] 刘静艳, 李玲. 公平感知视角下居民支持旅游可持续发展的影响因素分析——以喀纳斯图瓦村落为例 [J]. 旅游科学, 2016, 30 (4): 1-13.

[69] 刘军胜, 马耀峰. 入境游客与社区居民旅游供给感知测评及差异分析——以北京市为例 [J]. 资源科学, 2016, 38 (8): 1476-1490.

[70] 刘珊珊. "一带一路"倡议下中国海外投资政治风险的法律应对——从构建中国海外投资保险制度的视角 [D]. 上海: 华东政法大学, 2019.

[71] 刘婷婷, 保继刚. 旅游吸引物的非垄断性与目的地市场秩序的形成——以陕西袁家村为例 [J]. 旅游学刊, 2021, 36 (12): 114-126.

[72] 刘文波, 於宾强. "一带一路"倡议在中东: 地缘政治格局、地缘政治风险与地缘战略选择 [J]. 天津师范大学学报 (社会科学版), 2023 (1): 59-65.

[73] 刘雅君. 基于"一带一路"倡议的东北亚区域旅游政治合作研究 [J]. 人文杂志, 2018 (12): 36-43.

[74] 刘亚斐, 李辉. 基于大数据的旅游企业智能化利益相关者关系管理 [J]. 旅游学刊, 2023, 38 (10): 5-8.

[75] 刘亦雪, 姚延波. 共治共享视角下旅游市场秩序评价维度识别与评价指数构建——基于全国31个省、自治区、直辖市的调研 [J]. 西南民族大学学报 (人文社会科学版), 2021 (11): 19-30.

[76] 刘志刚. "三大倡议": 人类命运共同体理念的立体化呈现 [J]. 新疆社会科学, 2023 (6): 82-89.

[77] 刘壮, 郑鹏, 王洁洁, 等. "一带一路"倡议对中国出境旅游流的影响及作用机制 [J]. 资源科学, 2022, 44 (11): 2356-2372.

[78] 龙安娜. 游客不文明行为的扩散及其对服务破坏行为的影响研究 [D]. 武汉: 中南财经政法大学, 2022.

[79] 卢爽. 提升旅游企业诚信的策略探讨 [J]. 中国商贸, 2011 (14): 170-171.

[80] 卢松, 张捷, 李东和, 等. 旅游地居民对旅游影响感知和态度的比较——以西递景区与九寨沟景区为例 [J]. 地理学报, 2008, 63 (6): 646-656.

[81] 陆敏，殷樱，陶卓民．基于计划行为理论的游客不文明行为产生机理研究 [J]．干旱区资源与环境，2019，33（4）：196-202.

[82] 罗长远，李铮，智艳．"走出去"是否有助于抑制企业的"脱实向虚"行为？——基于"一带一路"倡议准自然实验的证据 [J]．经济学，2023，23（6）：2369-2386.

[83] 罗皓文．对国际社会关于"一带一路"倡议三种质疑的澄清 [J]．经济社会体制比较，2023（6）：20-27.

[84] 罗猛，阚颖．从世界政治经济格局视角解读我国"一带一路"倡议 [J]．新疆社会科学，2017（5）：1-7+148.

[85] 罗文斌，张小花，钟诚，等．城市自然景区游客环境责任行为影响因素研究 [J]．中国人口·资源与环境，2017，27（5）：161-169.

[86] 马明，彭淑贞．基于游客感知的山东居民好客度研究 [J]．合作经济与科技，2016（10）：138-140.

[87] 马诗远．国际旅游传播中的国家形象研究 [M]．北京：光明日报出版社，2010：78.

[88] 马永霞，陈晓曦．高质量与反思性：英国"贴近实践教育研究倡议"探析 [J]．比较教育研究，2023，45（7）：85-94.

[89] 麦麦提依明·马木提，梁振民，王海燕．"一带一路"倡议下的喀什文化旅游产品开发路径研究 [J]．喀什大学学报，2020，41（1）：29-33.

[90] 2023年春节假期国内旅游出游3.08亿人次 [EB/OL]．新华社，2023-01-27，http://www.gov.cn/xinwen/2023-01-27/content_5738862.htm.

[91] 裴长洪．"一带一路"倡议——马克思主义政治经济学中国化时代化的解读 [J]．南开经济研究，2023（9）：3-18.

[92] 彭博，薛力．全球安全倡议的文明基底、理论逻辑与实践路径 [J]．国际安全研究，2023，41（6）：79-101+154.

[93] 彭惠军，黄翅勤，胡最．游客网络团购旅游线路意愿及阻碍因

素研究［J］．商业研究，2013（10）：104-109．

［94］祁凯，彭程．基于SEIR演化博弈模型的旅游公共危机演化与控制研究［J］．运筹与管理，2022，31（3）：145-150．

［95］钱亚妍，姚延波，胡宇橙．基于游客知情权的旅行社信息披露制度探讨［J］．旅游学刊，2013，28（10）：64-70．

［96］秦晓楠，王悦，韩苗苗．"一带一路"倡议对中国沿线区域入境旅游发展的政策效应评价［J］．地理科学，2024，44（1）：82-90．

［97］邱宏亮．道德规范与旅游者文明旅游行为意愿——基于TPB的扩展模型［J］．浙江社会科学，2016（3）：96-103+159．

［98］石维富，李东．旅游诚信存在问题及建设对策［J］．人民论坛，2013（20）：34-36．

［99］司鬼，王冲．基于层次分析法的旅游景区信用评价指标体系构建［J］．四川师范大学学报（自然科学版），2018，41（6）：822-828．

［100］宋昌耀，厉新建．"一带一路"倡议与中国对外旅游投资［J］．旅游学刊，2017，32（5）：3-6．

［101］孙冰岩．国际社会对全球文明倡议的认知述评［J］．国外理论动态，2023（5）：18-25．

［102］汤利华．路径依赖、关键节点与北京旅游市场监管制度变迁——基于历史制度主义的分析［J］．北京联合大学学报（人文社会科学版），2022，20（3）：101-110．

［103］唐睿，冯斐，冯学钢．"一带一路"倡议推动了我国沿线地区入境旅游的发展吗？——基于双重差分的实证［J］．新疆大学学报（哲学·人文社会科学版），2018，46（6）：10-18．

［104］汪熠杰，吕宛青，倪向丽．考虑羊群效应的旅游不文明行为形成与演化——基于演化博弈分析［J］．华侨大学学报（哲学社会科学版），2022（4）：37-50．

［105］王栋，李宗芳．国际社会对全球发展倡议的认知述评［J］．国外理论动态，2023（5）：3-10．

[106] 王豪,李庆雷. 基于信息不对称理论的"一日游"乱象治理研究 [J]. 黔南民族师范学院学报, 2019, 39 (2): 94-98.

[107] 王华,徐仕彦. 游客间的"道德式"凝视及其规训意义——基于网络博文的内容分析 [J]. 旅游学刊, 2016, 31 (5): 45-54.

[108] 王剑,彭建. 相对剥夺视角下的旅游地社区居民态度研究——以茂兰自然保护区为例 [J]. 生态经济(学术版), 2011 (2): 34-40.

[109] 王桀,张琴悦. "一带一路"倡议对中国边境旅游经济空间的影响研究 [J]. 资源开发与市场, 2021, 37 (6): 761-768.

[110] 王莉,陆林. 国外旅游地居民对旅游影响的感知与态度研究综述及启示 [J]. 旅游学刊, 2005, 20 (3): 87-93.

[111] 王丽华,张宏胜. 旅行社诚信体系构建研究 [J]. 中国软科学, 2004 (4): 158-160.

[112] 王琳,刘锡禄,陈志军. 基于组织印记触发的集团子公司价值共创决策逻辑:海信聚好看的纵向案例研究 [J]. 管理世界, 2023 (11): 173-190.

[113] 王身余. 从"影响"、"参与"到"共同治理"——利益相关者理论发展的历史跨越及其启示 [J]. 湘潭大学学报(哲学社会科学版), 2008, 32 (6): 28-35.

[114] 王仕英. 从美洲倡议看冷战后美国对拉美政策的变化 [D]. 济南:山东师范大学, 2004.

[115] 王淑祺. 共建"一带一路"倡议对中国出境旅游的影响:效应与机制 [D]. 广州:华南理工大学, 2022.

[116] 王文辉,白冰,张茵. 相对剥夺视角下的乡村旅游地居民不规范行为研究——以江西婺源县李坑、思溪为例 [J]. 地理科学, 2019, 39 (11): 1814-1821.

[117] 王艳,郭清霞. 基于扎根理论的武汉市旅游亲和力构成研究 [J]. 地域研究与开发, 2017, 36 (6): 98-103.

[118] 王颖,吕婕,唐子仪. 中国对"一带一路"沿线国家直接投资

的影响因素研究——基于东道国制度环境因素［J］．国际贸易问题，2018（1）：83-91．

［119］王咏，陆林．基于社会交换理论的社区旅游支持度模型及应用——以黄山风景区门户社区为例［J］．地理学报，2014，69（10）：1557-1574．

［120］吴璟，昝梦莹，王征兵．感知价值对农户参与耕地质量保护意愿的影响——以陕西省为例［J］．中国土地科学，2020，34（6）：66-74．

［121］吴林国．旅游志愿者服务对游客环境责任行为意愿的影响研究［D］．南昌：南昌大学，2023．

［122］吴秀沛，欧静．旅游景区游客不文明行为约束机制研究［J］．国际公关，2019（11）：208．

［123］谢朝武，黄锐，陈岩英．"一带一路"倡议下中国出境游客的安全保障——需求、困境与体系建构研究［J］．旅游学刊，2019，34（3）：41-56．

［124］谢海丽，罗文斌．城市景区游客环境责任行为影响机理及其群组差异研究——基于多群组结构方程模型［J］．干旱区资源与环境，2023，37（12）：201-208．

［125］谢彦君．基础旅游学（第四版）［M］．北京：商务出版社，2015．

［126］熊澄宇．传播学十大经典解读［J］．清华大学学报（哲学社会科学版），2003，18（5）：23-37．

［127］徐东文，谢新丽，吕群超．诚信与旅游可持续发展关系研究［J］．华中师范大学学报（自然科学版），2007，41（1）：152-156．

［128］徐虹，韩静．旅游开发与合作助力"一带一路"倡议发展［J］．旅游学刊，2017，32（5）：6-7．

［129］徐戮．游客间凝视对旅游文明学习行为的影响研究［D］．厦门：厦门大学，2019．

［130］徐雨利，龙花楼，屠爽爽，等．"一带一路"倡议对我国沿线重点省份入境旅游效率的影响［J］．经济地理，2022，42（9）：201-210．

[131] 薛晓芃. 网络、城市与东亚区域环境治理：以北九州清洁环境倡议为例 [J]. 现代国际关系, 2017 (6): 57-63+65.

[132] 严伟. 旅游价格诚信缺失治理中的政府职能分析 [J]. 江苏商论, 2008 (9): 95-97.

[133] 杨海龙, 孙业红, 崔莉. "一带一路"区域旅游协同发展：生态文明视角 [J]. 旅游学刊, 2023, 38 (5): 10-12.

[134] 杨军辉. 居民视角下城市旅游景区"让景于客"倡议效用与影响因素研究——以西安景区春节倡议为例 [J]. 干旱区资源与环境, 2024, 38 (2): 200-208.

[135] 杨军辉. 我国旅游村寨民族文化补偿机制构建 [J]. 改革与战略, 2017, 33 (6): 128-131+142.

[136] 杨军辉. 资源—环境—区位视阈下民族村寨旅游开发研究 [D]. 西安：西北大学, 2016.

[137] 杨振之, 潘金玉. 民族村寨旅游地游客相对剥夺感的生成与应对——以西江苗寨为例 [J]. 民族学刊, 2022 (11): 69-78.

[138] 姚秋蕙, 韩梦瑶, 刘卫东. "一带一路"沿线地区隐含碳流动研究 [J]. 地理学报, 2018, 73 (11): 2210-2222.

[139] 姚延波, 侯平平. "一带一路"倡议下我国入境旅游产品开发新思路 [J]. 旅游学刊, 2017, 32 (6): 5-7.

[140] 姚延波, 侯平平. 游客视角的旅游企业诚信评价体系研究 [J]. 旅游学刊, 2017, 32 (12): 80-88.

[141] 姚延波, 张丹, 何蕾. 旅游企业诚信概念及其结构维度——基于扎根理论的探索性研究 [J]. 南开管理评论, 2014, 17 (1): 113-122.

[142] 冶建明, 李静雅, 厉亮. 草原旅游地游客感知价值、地方认同与行为意向关系研究 [J]. 干旱区资源与环境, 2020, 34 (9): 202-208.

[143] 印伟. 旅游市场监管法治化路径——以回应性监管为视角 [J]. 社会科学家, 2021 (10): 46-51.

[144] 尤徐芸. 基于S-O-R理论的旅游直播对旅游者购买意愿的影

响研究 [D]. 北京：北京交通大学，2021.

[145] 余东升，李小平，李慧. "一带一路"倡议能否降低城市环境污染？——来自准自然实验的证据 [J]. 统计研究，2021，38 (6)：44 - 56.

[146] 余慧娟. 游客不文明行为的法律规制 [D]. 北京：中共中央党校，2018.

[147] 张晨，左冰. 中国旅游业鲍莫尔成本病实证检验 [J]. 旅游科学，2021，35 (3)：42 - 61.

[148] 张建荣，赵振斌，张天然. 基于"场论"的游客不文明行为表达——以八达岭长城刻画为例 [J]. 资源科学，2017，39 (7)：1291 - 1302.

[149] 张江驰，谢朝武. "一带一路"倡议下中国——东盟旅游产业合作：指向、结构与路径 [J]. 华侨大学学报（哲学社会科学版），2020 (2)：25 - 34.

[150] 张军谋，周晓唯. 旅游商业活动中欺客、宰客现象分析 [J]. 兰州学刊，2018 (5)：142 - 157.

[151] 张昆，任怡林. 情感的中介效应：网络游戏用户认知与使用行为意向 [J]. 新闻与传播评论，2020，73 (1)：32 - 46.

[152] 张林铮. 云台山景区游客不文明行为的现状及对策研究 [D]. 海口：海南师范大学，2023.

[153] 张琳，马铭宁，曾艳芳，等. 怀旧情绪对游客文明旅游行为意愿的影响研究——以福州市烟台山历史风貌区为例 [J]. 福建师范大学学报（自然科学版），2024，40 (4)：110 - 118.

[154] 张睿，金磊，丁培毅. "一带一路"背景下的丝路文化软实力建设——国际旅游发展新动力 [J]. 旅游学刊，2017，32 (6)：1 - 3.

[155] 张新平，董一兵. 全球文明倡议：理论内涵、生成逻辑与世界意义 [J]. 新疆社会科学，2023 (6)：90 - 96 + 168.

[156] 张雪松. 国内大部分景点游客重游率不足1% [EB/OL]. 2017 -

06 - 28, http：//epaper. bjnews. com. cn/html/2017/06/28/content_686555. htm.

[157] 张佑印, 刘文婷, 刘家明, 等. "一带一路"倡议对国内沿线省市入境旅游流影响研究 [J]. 资源开发与市场, 2023, 39 (3)：356 - 367.

[158] 赵鹤, 王建华. "一带一路"倡议下广西旅游工艺品的设计再生策略 [J]. 社会科学家, 2020 (5)：98 - 102.

[159] 赵鸿洋. 日本媒体对于"一带一路"倡议的认知分析 [D]. 长春：吉林大学, 2020.

[160] 赵荣, 王恩涌, 张小林, 等. 人文地理学 [M]. 北京：高等教育出版社, 2009.

[161] 郑向敏, 吴纪滨. 论旅游企业经营诚信的缺失与重建 [J]. 桂林旅游高等专科学校学报, 2004 (2)：21 - 25.

[162] 周尚意, 孔翔, 朱竑. 文化地理学 [M]. 北京：高等教育出版社, 2009.

[163] 周守君. 高校后勤编制外职工职业道德研究——以武汉市教育部直属高校为例 [D]. 武汉：华中农业大学, 2017.

[164] 周晓丽, 徐虹, 刘悦. 宗教山岳型景区游客文明旅游行为意向的影响机制——基于敬畏情绪的视角 [J]. 西北师范大学学报 (自然科学版), 2021, 57 (4)：70 - 77.

[165] 朱兵强, 喻瑶. 旅游不文明行为记录制度的法治化 [J]. 时代法学, 2018, 16 (3)：47 - 54.

[166] 卓霄, 何庆华. 家具企业的柔性管理和刚性管理 [J]. 消费导刊, 2010 (1)：119.

[167] 邹统钎. "一带一路"倡议促进区域旅游合作的几个设想 [J]. 旅游导刊, 2017, 1 (1)：110 - 112.

[168] 邹文武. 从国家形象的高度反思旅游文明问题 [J]. 社会科学战线, 2014 (7)：279 - 280.

[169] 左晓丽, 马飒. 旅游目的地"诚信档案"的建设 [J]. 山西档案, 2017 (4): 93-95.

[170] Aamina T, Henny W D V. Citizen participation gaps and challenges in the heating transition: Learning from Dutch community initiatives [J]. *Renewable and Sustainable Energy Reviews*, 2024, 189: 113975.

[171] Acheson K. Culture in International Trade [J]. *Handbook of the Economics of Art and Culture*, 2006, 1: 1141-1182.

[172] Ahmad M S, Bazmi A A and Bukhari N. Students' responses to improve environmental sustainability through recycling: Quantitatively improving qualitative model [J]. *Applied Research in Quality of Life*, 2014, 11 (1): 253-270.

[173] Andereck K L, Valentine K M, Knopf R C, et al. Residents' perceptions of community tourism impacts [J]. *Annals of Tourism Research*, 2005, 32 (4): 1056-1076.

[174] Anna Torres-Delgado, Francesc Palomeque L. The growth and spread of the concept of sustainable tourism: The contribution of institutional initiatives to tourism policy [J]. *Tourism Management Perspectives*, 2012, 4: 1-10.

[175] Arshia M, Ying Z, You-il L, et al. Challenges confronting the "One Belt One Road" initiative: Social networks and cross-cultural adjustment in CPEC projects [J]. *International Business Review*, 2022, 31 (1): 101901.

[176] Bandura. *Social Foundation of Thought and Action: A social cognitive theory* [M]. New York: Prentice hall, 1986.

[177] Baniya S, Rocha N, Ruta M. Trade effects of the New Silk Road: A gravity analysis [J]. *Journal of Development Economics*, 2020 (146): 102467.

[178] Besulides A, Lee M E, McCormick P J. Residents' Perceptions of the Cultural Benefits of Tourism [J]. *Annals of Tourism Research*, 2002, 29: 303-319.

[179] Bynum B B ard N M, A. L. H T. Importance-performance analysis (IPA) of sustainable tourism initiatives: The resident perspective [J]. *Tourism Management*, 2016, 58: 66-77.

[180] Cesare Amatulli, Matteo De Angelis and Anna Stoppani. The appeal of sustainability in luxury hospitality: An investigation on the role of perceived integrity [J]. *Tourism Management*, 2021 (83): 104228.

[181] Chang J, Okumus B, Li Z W, et al. What serves as the best bridge in food consumption: Experiential value or place attachment? [J]. *Asia Pacific Journal of Tourism Research*, 2021, 26 (12): 1302-1317.

[182] Daniel P, Dave H, Mendel G, et al. Scaling mechanisms of energy communities: A comparison of 28 initiatives [J]. *Global Environmental Change*, 2024, 84: 102780.

[183] Dan Y, S. K L, Guiyao T. Not all pro-environmental initiatives can increase pro-environmental behavior: An empirical examination of employees' pro-environmental attributions [J]. *Journal of Environmental Psychology*, 2023 (92): 102177.

[184] Diedrich A, Garcia A E. Local perceptions of tourism as indicators of destination decline [J]. *Tourism Management*, 2009, 30 (4): 512-521.

[185] Doxey G V. A Causation Theory of Visitor-resident Irritants: Methodology and Research Inferences [Z]. Proceedings of the Sixth annual conference on Travel and tourism Research association, San Diego, 1975: 195-198.

[186] Fatimah T. The Impacts of Rural Tourism Initiatives on Cultural Landscape Sustainability in Borobudur Area [J]. *Procedia Environmental Sciences*, 2015, 28: 567-577.

[187] Fenitra R M, Handriana T, Gancar C P, et al. Extended theory of planned behavior to explain environmentally responsible behavior in the context of nature-based tourism [J]. *Geojournal of Tourism and Geosites*, 2021, 39 (4): 1507-1516.

[188] Foo N, Lean H H, Salim R. The impact of China's one belt one road initiative on international trade in the ASEAN region [J]. *North American Journal of Economics and Finance*, 2019 (54): 101089.

[189] García J H H, Todora R, Laura S. Policy framework as a challenge and opportunity for social innovation initiatives in eco-tourism in Colombia [J]. *Forest Policy and Economics*, 2023, 157: 103076.

[190] Gaunette S M, Dogan G, Michael V, et al. Residents' perceptions toward tourism development: A factor-cluster approach [J]. *Journal of Destination Marketing & Management*, 2015 (4): 36 – 45.

[191] German G, P. I S, Laura M. Exploring the impacts of local development initiatives on tourism: A case study analysis [J]. *Heliyon*, 2023, 9 (9): e19924 – e19924.

[192] Getz D. Models in Tourism Planning toward Integration of Theory and Practice [J]. *Tourism Management*, 1986, 7: 21 – 32.

[193] Goyal R, Steinbach S. Agricultural commodity markets in the wake of the black sea grain initiative [J]. *Economics Letters*, 2023 (231): 111297.

[194] Gursoy D, Boğan E, Çalışkan C. Residents' perceptions of hotels' corporate social responsibility initiatives and its impact on residents' sentiments to community and support for additional tourism development [J]. *Journal of Hospitality and Tourism Management*, 2019, 39: 117 – 128.

[195] Haley A J, Snaith T, Miller G. The social impacts of tourism: A case study of Bath, UK [J]. *Annals of Tourism Research*, 2005, 32 (3): 647 – 668.

[196] Hamid R, Hossein O. An integrative framework to evaluate impacts of complex tourism change initiatives [J]. *Tourism Management*, 2024, 100: 104829.

[197] Hasanur M R, Junaid R, Tipon T, et al. Green banking initiatives and sustainability: A comparative analysis between Bangladesh and India [J].

Research in Globalization, 2023, 7: 100184.

[198] Hechter M. *Internal Colonialism* [M]. Berkeley: University of California Press, 1975.

[199] Hilgard E R. The trilogy of mind: Cognition, affection and conation [J]. *Journal of the History of the Behavioral Sciences*, 1980, 16 (2): 107 – 117.

[200] Hu H, Zhang J, Wang C, et al. What influences tourists' intention to participate in the Zero Litter Initiative in mountainous tourism areas: A case study of Huangshan National Park, China [J]. *Science of the Total Environment*, 2018, 657: 1127 – 1137.

[201] Isabelle M, Marion G, Jacqueline W, et al. "Stronger with Breastmilk Only" Initiative in 5 African Countries: Case Study on the Implementation Process and Contribution to the Enabling Environment for Breastfeeding [J]. *Current Developments in Nutrition*, 2023, 9 (7): 101988.

[202] Jalilvand M R, Samiei N, Dini B, et al. Examining the structural relationships of electronic word of mouth, destination image, tourist attitude toward destination and travel intention: An integrated approach [J]. *Journal of Destination Marketing & Management*, 2012, 1 (1 – 2): 134 – 143.

[203] Johan B, Christian S, Anja H, et al. Do organic farming initiatives in Sub – Saharan Africa improve the sustainability of smallholder farmers? Evidence from five case studies in Ghana and Kenya [J]. *Journal of Rural Studies*, 2023, 98: 34 – 58.

[204] Jordan T G, Rowntree L. *The Human Mosaic* [M]. San Francisco: Harper & Row Publishers Inc., 1990.

[205] Joseph A P, John F. The Challenge of Leadership Accountability for Integrity Capacity as a Strategic Asset [J]. *Journal of Business Ethics*, 2001 (34): 331 – 343.

[206] Josephine D. German, Anak Agung Ngurah Perwira Redi, Ardvin

Kester S. Ong, et al. The impact of green innovation initiatives on competitiveness and financial performance of the land transport industry [J]. *Heliyon*, 2023, 9 (8): e19130.

[207] Jurowsli C, Uysal M, Williams D R. A theoretical analysis of host reactions to tourism [J]. *Journal of Travel Research*, 1997, 36: 3 – 11.

[208] Khandideh K A W, Charlotte E, Maud M, et al. Mitigating mental health and wellbeing challenges among young populations: A scan of youth-led initiatives across Canada to inform psychosocial program development [J]. *Children and Youth Services Review*, 2024, 156: 107323.

[209] Kim S S, Petrickb J F. Residents' perceptions on impacts of the FIFA 2002 World Cup: The case of Seoul as a host city [J]. *Tourism Management*, 2005, 26 (1): 25 – 38.

[210] Kumar S R. Green university initiatives and undergraduates' reuse intention for environmental sustainability: The moderating role of environmental values [J]. *Environmental Challenges*, 2023, 13: 100797.

[211] Lavidge R C, Steiner G A. A model for predictive measurements of advertising effectiveness [J]. *Journal of Marketing*, 1961, 25 (10): 59 – 62.

[212] Lee T H, Jan F H, Yang C C. Conceptualizing and measuring environmentally responsible behaviors from the perspective of community-based tourists [J]. *Tourism Management*, 2013, 36: 454 – 468.

[213] Lemelin H R, Koster R, Youroukos N. Tangible and intangible indicators of successful aboriginal tourism initiatives: A case study of two successful aboriginal tourism lodges in Northern Canada [J]. *Tourism Management*, 2015, 47: 318 – 328.

[214] Li S, Liu M, Wei M. Host sincerity and tourist environmentally responsible behavior: The mediating role of tourists' emotional solidarity with hosts [J]. *Journal of Destination Marketing & Management*, 2021, 19, 100548.

[215] Liu J, An K, Jang S. A model of tourists' civilized behaviors: To-

ward sustainable coastal tourism in China [J]. *Journal of Destination Marketing and Management*, 2020, 16: 100437.

[216] Li Y Y. Impacts of the Belt and Road Initiative on regional outward FDI from China based on evidence from 2000 to 2015 [J]. *ZFW – Advances in Economic Geography*, 2023, 67 (1): 20 – 32.

[217] Marina L, Carl S, P K A, et al. Place-based solutions for global social-ecological dilemmas: An analysis of locally grounded, diversified, and cross-scalar initiatives in the Amazon [J]. *Global Environmental Change*, 2023, 82: 102718.

[218] Markle G L. Pro-environmental behavior: Does it matter how it's measured? Development and validation of the pro-environmental behavior scale (PEBS) [J]. *Human Ecology*, 2013, 41 (6): 905 – 914.

[219] M Lisiecki, A Damgaard, K Ragaert, et al. Circular economy initiatives are no guarantee for increased plastic circularity: A framework for the systematic comparison of initiatives [J]. *Resources, Conservation Recycling*, 2023, 197: 107072.

[220] Normann R, Ramriez R. From value chain to value constellation: Designing interactive strategy [J]. *Harvard Business Review*, 1993, 71 (4): 65 – 77.

[221] Nunkoo R, Gursoy D. Residents' support for tourism an identity perspective [J]. *Annals of Tourism Research*, 2012, 39 (1): 243 – 268.

[222] Palau – Saumell R, Matute J, Belén Derqui, et al. The impact of the perceived risk of COVID – 19 on consumers' attitude and behavior toward locally produced food [J]. *British Food Journal*, 2021, 123 (13): 281 – 301.

[223] Pingping Hou, Yanbo Yao, Pearl Ming – Chu Lin, et al. Employees' perception of tourism enterprise integrity: Dimensions and scale development [J]. *International Journal of Hospitality Management*, 2023 (111): 103495.

[224] Pizam A, Uriely N, Reichel A. The intensity of tourist-host social

relationship and its effects on satisfaction and change of attitudes: The case of working tourists in Israel [J]. *Tourism Management*, 2000, 21 (4): 395 – 406.

[225] Prahalad C K, Ramaswamy V. Co-creation experiences: The next practice in value creation [J]. *Journal of Interactive Marketing*, 2004, 18 (3): 5 – 14.

[226] Qichuan J, Xuejiao M, Yun W. How does the one belt one road initiative affect the green economic growth? [J]. *Energy Economics*, 2021, 101: 105429.

[227] Qu Z, Cao X, Ge H, et al. How does national image affect tourists' civilized tourism behavior? The mediating role of psychological ownership [J]. *Journal of Hospitality and Tourism Management*, 2021, 47: 468 – 475.

[228] Ramasamy B, Yeung M C H. China's one Belt one Road initiative: The impact of trade facilitation versus physical infrastructure on exports [J]. *The World Economy*, 2019, 42 (6): 1673 – 1694.

[229] Ramkissoon H, Smith L D G, Weiler B. Testing the dimensionality of place attachment and its relationships with place satisfaction and pro-environmental behaviors: A structural equation modelling approach [J]. *Tourism Management*, 2013, 36: 552 – 566.

[230] Robert Caruana, Sarah Glozer, Andrew Crane, et al. Tourists' accounts of responsible tourism [J]. *Annals of Tourism Research*, 2014, 46 (5): 115 – 129.

[231] Rosigleyse C S, Luci C C P, Rauquirio M C, et al. Management of estuarine beaches on the Amazon coast though the application of recreational carrying capacity indices [J]. *Tourism Management*, 2017, 59: 216 – 225.

[232] Ryan C, Kinder R. Sex, Tourism and Sex Tourism: Fulfilling Similar Needs? [J]. *Tourism Management*, 1996, 17 (7): 507 – 518.

[233] Samuel G, Zheng H, Mintah E A, et al. The Belt and Road Initia-

tive and East African small and medium-sized enterprises: Benefits, drivers and particular sectors [J]. *International Journal of Emerging Markets*, 2023, 18 (2): 463-482.

[234] Smith H J, Pettigrew T F, Pippin G M, et al. Relative deprivation: A theoretical and meta-analytic review [J]. *Personality and Social Psychology Review*, 2012, 16 (3): 203-232.

[235] Solstrand M V, Gressnes T. Marine angling tourist behavior, non-compliance, and implications for natural resource management [J]. *Tourism Management*, 2014 (45): 59-70.

[236] Stern P C. Toward a coherent theory of environmentally significant behavior [J]. *Journal of Social Issues*, 2002, 56 (3): 407-424.

[237] Thorgersen J. Recycling and morality: A critical review of the literature [J]. *Environment and Behavior*, 1996, 28 (4): 536-558.

[238] Tsung Hung Lee, Fen-Hauh Jan. How do smart tourism experiences affect visitors' environmentally responsible behavior? Influence analysis of nature-based tourists in Taiwan [J]. *Journal of Hospitality and Tourism Management*, 2023, 55 (6): 1-10.

[239] Vargo S L, Lusch R F. Evolving to a new dominant logic for marketing [J]. *Journal of Marketing*, 2004, 68 (1): 1-17.

[240] Vivian V, Jitske P V, Ellen M, et al. Unleashing or domesticating the vitality of citizens' initiatives? The paradoxical relationship between governments and citizens' initiatives in the energy transition [J]. *Cities*, 2023, 137: 104300.

[241] Wang G Q, Yao Y B, Ren L P, et al. Examining the role of generativity on tourists' environmentally responsible behavior: An inter-generational comparison [J]. *Journal of Hospitality and Tourism Management*, 2023, 57: 303-314.

[242] Wang W, Wu J, Wu M Y, et al. Shaping tourists' green behavior:

The hosts' efforts at rural Chinese B&Bs [J]. *Journal of Destination Marketing & Management*, 2018, 9: 194 – 203.

[243] WCED. Our Common Future [M]. *Oxford: Oxford University Press*, 1987.

[244] Yang W, Jianzhong X, Jiachao P. The effects of the "Zero Routine Flaring by 2030" initiative: International comparisons based on generalized synthetic control method [J]. *Environmental Impact Assessment Review*, 2023, 100: 107095.

[245] Yirang L, Johan N, Sibout N, et al. Organizing resilient infrastructure initiatives: A study on conceptualization, motivation, and operation of ten initiatives in the Netherlands [J]. *Resilient Cities and Structures*, 2023, 3 (2): 120 – 128.

[246] Zainal R, Som A M, Mohamed N. A Comparative Study on the Implementation Stage of Corporate Integrity in the Malaysian Public Sectors [J]. *Religación: Revista de Ciencias Sociales y Humanidades*, 2019, 4 (16): 123 – 129.

[247] Zhang C X, Pearce P, Chen G. Not losing our collective face: Social identity and Chinese tourists' reflections on uncivilised behaviour [J]. *Tourism Management*, 2019 (73): 71 – 82.

[248] Zhang Y, Jin Y, Shen B. Measuring the Energy Saving and CO_2 Emissions Reduction Potential Under China's Belt and Road Initiative [J]. *Computational Economics*, 2018, 55 (4): 1 – 22.

[249] Zhou X, Tang C, Lv X, et al. Visitor engagement, relationship quality, and environmentally responsible behavior [J]. *International Journal of Environmental Research and Public Health*, 2020, 17 (4): 1151.

附录1　中国公民国内旅游文明行为公约

中国公民国内旅游文明行为公约

中央文明办联合国家旅游局于2006年10月2日公布了《中国公民国内旅游文明行为公约》，内容如下：

做文明游客是我们大家的义务，请遵守以下公约：

（1）维护环境卫生。不随地吐痰和口香糖，不乱扔废弃物，不在禁烟场所吸烟。

（2）遵守公共秩序。不喧哗吵闹，排队遵守秩序，不并行挡道，不在公众场所高声交谈。

（3）保护生态环境。不踩踏绿地，不摘折花木和果实，不追捉、投打、乱喂动物。

（4）保护文物古迹。不在文物古迹上涂刻，不攀爬触摸文物，拍照摄像遵守规定。

（5）爱惜公共设施。不污损客房用品，不损坏公用设施，不贪占小便宜，节约用水用电，用餐不浪费。

（6）尊重别人权利。不强行和外宾合影，不对着别人打喷嚏，不长期占用公共设施，尊重服务人员的劳动，尊重各民族宗教习俗。

（7）讲究以礼待人。衣着整洁得体，不在公共场所袒胸赤膊；礼让老幼病残，礼让女士；不讲粗话。

（8）提倡健康娱乐。抵制封建迷信活动，拒绝黄、赌、毒。

中央文明办　国家旅游局
2006 年 10 月 2 日

附录2　中国公民出境旅游文明行为指南

中国公民出境旅游文明行为指南

中国公民，出境旅游，注重礼仪，保持尊严。
讲究卫生，爱护环境；衣着得体，请勿喧哗。
尊老爱幼，助人为乐；女士优先，礼貌谦让。
出行办事，遵守时间；排队有序，不越黄线。
文明住宿，不损用品；安静用餐，请勿浪费。
健康娱乐，有益身心；赌博色情，坚决拒绝。
参观游览，遵守规定；习俗禁忌，切勿冒犯。
遇有疑难，咨询领馆；文明出行，一路平安。

中央文明办　国家旅游局
2006年10月2日

附录3　旅游不文明行为记录管理暂行办法

国家旅游局办公室关于印发《国家旅游局关于旅游不文明行为记录管理暂行办法》的通知

发布时间：2016年5月30日

各省、自治区、直辖市旅游发展委员会、旅游局，新疆生产建设兵团旅游局：

为进一步学习贯彻落实习近平总书记关于文明旅游的重要批示精神，根据《国家旅游局关于游客不文明行为记录管理暂行办法》实施情况，国家旅游局修订形成了《国家旅游局关于旅游不文明行为记录管理暂行办法》，并已经国家旅游局局长办公会审议通过。现印发给你们，请贯彻执行。

国家旅游局
2016年5月26日

国家旅游局关于旅游不文明行为记录管理暂行办法

第一条　为推进旅游诚信建设工作，提升公民文明出游意识，依据《中华人民共和国旅游法》、中央文明委《关于进一步加强文明旅游工作的意见》及相关法律法规和规范性文件，制定本办法。

第二条 中国游客在境内外旅游过程中发生的因违反境内外法律法规、公序良俗，造成严重社会不良影响的行为，纳入"旅游不文明行为记录"。主要包括：

（一）扰乱航空器、车船或者其他公共交通工具秩序；

（二）破坏公共环境卫生、公共设施；

（三）违反旅游目的地社会风俗、民族生活习惯；

（四）损毁、破坏旅游目的地文物古迹；

（五）参与赌博、色情、涉毒活动；

（六）不顾劝阻、警示从事危及自身以及他人人身财产安全的活动；

（七）破坏生态环境，违反野生动植物保护规定；

（八）违反旅游场所规定，严重扰乱旅游秩序；

（九）国务院旅游主管部门认定的造成严重社会不良影响的其他行为。

因监护人存在重大过错导致被监护人发生旅游不文明行为，将监护人纳入"旅游不文明行为记录"。

第三条 从事旅游经营管理与服务的工作人员（以下简称"旅游从业人员"）在从事旅游经营管理和服务过程中因违反法律法规、工作规范、公序良俗、职业道德，造成严重社会不良影响的行为，纳入"旅游不文明行为记录"。主要包括：

（一）价格欺诈、强迫交易、欺骗诱导游客消费；

（二）侮辱、殴打、胁迫游客；

（三）不尊重旅游目的地或游客的宗教信仰、民族习惯、风俗禁忌；

（四）传播低级趣味、宣传迷信思想；

（五）国务院旅游主管部门认定的其他旅游不文明行为。

第四条 "旅游不文明行为记录"信息内容包括：

（一）不文明行为当事人的姓名、性别、户籍省份；

（二）不文明行为的具体表现、不文明行为所造成的影响和后果；

（三）对不文明行为的记录期限。

第五条 国务院旅游主管部门建立全国"旅游不文明行为记录"。省级旅游行政主管部门可设立本行政区域内的"旅游不文明行为记录"。

第六条 地方各级旅游主管部门应联合相关部门、整合社会资源，对本行政区域内发生的、户籍所在地或经常居住地在本行政区域内的人员产生的旅游不文明行为进行调查核实，并及时向上一级旅游主管部门报告。

媒体报道或社会公众举报的旅游不文明行为，由不文明行为发生地的旅游主管部门予以调查核实，当事人居住地或户籍所在地旅游主管部门应予以配合。

发生在境外的旅游不文明行为，由国务院旅游主管部门或当事人户籍所在地或经常居住地旅游主管部门通过外交机构、旅游驻外办事机构等途径进行调查核实。

第七条 各级旅游主管部门对举报人的相关信息应予保密。鼓励和支持社会公众、新闻媒体以及旅游交通、餐饮、购物、娱乐休闲等经营单位向旅游主管部门举报旅游不文明行为。

第八条 "旅游不文明行为记录"形成前应经"旅游不文明行为记录评审委员会"评审通过。旅游不文明行为记录评审委员会由政府部门、法律专家、旅游企业、旅游者代表组成，评审主要事项包括：

（一）不文明行为事件是否应当纳入"旅游不文明行为记录"；

（二）确定"旅游不文明行为记录"的信息保存期限；

（三）"旅游不文明行为记录"是否通报相关部门；

（四）对已经形成的"旅游不文明行为记录"的记录期限进行动态调整。

第九条 "旅游不文明行为记录"信息保存期限为1年至5年，实行动态管理。

（一）旅游不文明行为当事人违反刑法的，信息保存期限为3年至5年；

（二）旅游不文明行为当事人受到行政处罚或法院判决承担责任的，信息保存期限为2年至4年；

（三）旅游不文明行为未受到法律法规处罚，但造成严重社会影响的，信息保存期限为 1 年至 3 年。

第十条 "旅游不文明行为记录"形成后,国务院旅游主管部门可将"旅游不文明行为记录"信息向社会公布。

第十一条 "旅游不文明行为记录"形成后,旅游主管部门应当将相关信息通报或送达当事人本人,并告知其有申辩的权利,当事人在接到申辩通知后 30 个工作日内,有权利进行申辩。旅游主管部门在接到申辩后 30 个工作日内予以书面回复。申辩理由被采纳的,可依据当事人申辩的理由调整记录期限或取消记录。

当事人申辩期间不影响信息公布。

第十二条 "旅游不文明行为记录"形成后,根据被记录人采取补救措施挽回不良影响的程度、对文明旅游宣传引导的社会效果,经评审委员会审议后可缩短记录期限。

第十三条 国家工作人员故意提供错误信息或篡改、损毁、非法使用、发布"旅游不文明行为记录"信息,按照有关规定对相关责任人员进行行政处分;情节严重的,依法追究法律责任。

第十四条 本办法发布后,"旅游不文明行为记录"依据本办法进行管理。本办法发布前已建立的"游客不文明行为记录"继续有效。

第十五条 本办法自发布之日起实施,由国家旅游局负责解释。国家旅游局于 2015 年 4 月发布的《游客不文明行为记录管理暂行办法》于本办法发布之日起停止实施。

附录4　本地居民"让景于客"倡议调查问卷

西安旅游景区"错峰出行、让景于客"倡议调查

2023年春节假期期间,在"西安年·最中国"文化IP和后疫情时代政策推动下,西安各大景区游客量"井喷式"增长。1月23日(正月初二),西安大唐芙蓉园、大唐不夜城、西安城墙等部分景区为确保游客安全与体验质量,在采取临时限流措施基础上倡议西安市民"错峰出行、让景于客"。基于此背景,我们诚挚邀请西安居民(含西安郊县与西咸新区居民)匿名填写如下问卷。

(1) 您是否知道西安景区的"错峰出行、让景于客"倡议?

○ 知道　　　　　　　　　　○ 不知道

(2) 您是否认可西安景区的"错峰出行、让景于客"倡议?

○ 认可　　　　　　　　　　○ 不认可

(3) 西安景区的"错峰出行、让景于客"倡议有没有影响您的春节出行计划?

○ 有影响　　　　　　　　　○ 无影响

(4) 您的春节假期截止时间是:

○ 正月初六　　　○ 正月十五　　　○ 正月十五以后

(5) 您已经或计划在什么时间去西安景区体验春节旅游活动?

○ 正月初二之前　　○ 正月初三至初六　　○ 正月初七至十五

旅游倡议：内涵、效用与影响机制

　　○ 正月十五之后　　　○ 不打算去体验

（6）您在春节假期期间，想去什么地方旅游？

　　○ 西安市内　　　○ 省内其他地区　　　○ 其他省份
　　○ 出境旅游　　　○ 哪都不想去

（7）您平日里在西安的主要出行交通方式是：

　　○ 公共交通　　○ 私家车　　○ 自行车　　○ 步行

（8）您认为西安景区推出的春节旅游体验活动应主要服务于西安市居民吗？

非常不认同				非常认同
○	○	○	○	○

（9）西安部分景区的"错峰出行、让景于客"倡议让您有被"绑架"之感。

非常不认同				非常认同
○	○	○	○	○

（10）"有朋之远方来，不亦乐乎。"您非常欢迎外地游客来西安旅游。

非常不认同				非常认同
○	○	○	○	○

（11）外地游客春节期间来西安旅游不容易，您很乐意让他们玩得尽兴。

非常不认同				非常认同
○	○	○	○	○

（12）大批外地游客来西安旅游，增强了您作为西安人的自豪感。

非常不认同				非常认同
○	○	○	○	○

（13）大批外地游客来西安旅游，挤占了您的生活空间。

非常不认同				非常认同
○	○	○	○	○

(14) 大批外地游客来西安旅游，影响了您的市内景区体验质量。

非常不认同　　　　　　　　　　　　　　　　非常认同
　〇　　　　〇　　　　〇　　　　〇　　　　〇

(15) 大批外地游客来西安旅游，挤占了您的西安市内旅游机会。

非常不认同　　　　　　　　　　　　　　　　非常认同
　〇　　　　〇　　　　〇　　　　〇　　　　〇

(16) 大批外地游客来西安旅游，增加了您的个人经济收入。

非常不认同　　　　　　　　　　　　　　　　非常认同
　〇　　　　〇　　　　〇　　　　〇　　　　〇

(17) 大批外地游客来西安旅游，促进了西安的经济增长。

非常不认同　　　　　　　　　　　　　　　　非常认同
　〇　　　　〇　　　　〇　　　　〇　　　　〇

(18) 大批外地游客来西安旅游，强化了西安的知名度。

非常不认同　　　　　　　　　　　　　　　　非常认同
　〇　　　　〇　　　　〇　　　　〇　　　　〇

(19) 假如您有计划春节假期期间去游览西安城墙景区、大唐不夜城等景区，主要原因是什么？

〇 一直没去过　　　　　　　〇 去过，但时间久了

〇 去过，但景区新增春节特色旅游活动

(20) 假如您没有计划春节期间去游览西安城墙景区、大唐不夜城等景区，主要原因是什么？

〇 经常去，太熟悉了　　　　〇 对新增旅游活动没兴趣

〇 人太多，体验不好　　　　〇 人员聚集担心感染新冠

〇 想去其他地方旅游　　　　〇 其他＿＿＿＿＿

(21) 您的性别：

〇 男　　　　　　　　　　　〇 女

（22）您的婚姻状态：

○ 单身　　　　　　　○ 已婚　　　　　　　○ 离异或丧偶

（23）您的年龄：

○ 18岁以下　　　○ 18~25岁　　　○ 26~30岁　　　○ 31~40岁

○ 41~50岁　　　○ 51~60岁　　　○ 60岁以上

（24）您的受教育程度：

○ 初中及以下　　　○ 高中/中专　　　○ 大学专科

○ 大学本科　　　　○ 硕士及以上

（25）您目前从事的职业是：

○ 全日制学生　　　○ 生产人员　　　　○ 销售人员

○ 市场公关人员　　○ 客服人员　　　　○ 行政后勤人员

○ 人力资源　　　　○ 财务审计人员　　○ 文职办事人员

○ 技术研发人员　　○ 管理人员　　　　○ 教师

○ 顾问咨询　　　　○ 专业人士　　　　○ 其他_____

（26）您的平均月收入：

○ 3000元以下　　　　○ 3001~5000元　　　○ 5001~8000元

○ 8001~15000元　　　○ 15001~30000元　　○ 30000元以上

问卷填写完毕，再次感谢您的参与！

附录5　游客文明、让景、诚信旅游倡议调查问卷

"让景于客"倡议、文明旅游倡议、诚信经营倡议综合认知调查

亲，我是××大学的教师，现想从游客视角探究"让景于客"、"文明旅游"、景区"诚信经营"等旅游倡议相关问题。本次匿名调查大概需要10分钟，辛苦您客观填写，以共同推进文旅产业高质量发展。

非常感谢您的参与！祝您一切顺意！

（1）您所知道的旅游相关倡议有哪些（多选）？

□ 文明旅游　　　　　□ 低碳旅游　　　　　□ 诚信经营
□ 让景于客　　　　　□ 其他_____

（2）您最关注以下哪个旅游倡议，或者说哪个倡议对您的切身利益影响最大？

○ 文明旅游　　○ 低碳旅游　　○ 诚信经营　　○ 让景于客

（3）您认为哪个旅游倡议最能提升游客的综合体验质量？

○ 文明旅游　　○ 低碳旅游　　○ 诚信经营　　○ 让景于客

（4）您认为哪个因素是影响旅游倡议有效落实的关键？

○ 倡议宣传力度　　○ 倡议发布平台　　○ 倡议发布时段
○ 倡议对象文化素养　　○ 倡议者的权威性

○ 倡议内容与倡议对象切身利益的相关性　　○ 其他_____

==

"让景于客"倡议，是旅游地（景区）面对高位旅游客流时面向本地居民发出的倡议，意在倡议本地居民在其他时段前来景区游览。如西安大唐不夜城、大唐芙蓉园、西安城墙三大景区于2023年春节假期期间，面向本地居民发布"让景于客、让路于客"倡议。

（5）您是通过哪种方式知道"让景于客"倡议的？
○ 报纸、宣传手册　　○ 电视　　　　　　○ 景区大屏
○ 短视频　　　　　　○ 微博　　　　　　○ 其他_____

（6）您对面向本地居民开展"让景于客"倡议的态度是什么？

非常不支持				非常支持
○	○	○	○	○

（7）您认为发布"让景于客"倡议后，旅游地居民是否配合？

非常不配合				非常配合
○	○	○	○	○

（8）您认为"让景于客"倡议对本地居民的利益是否有影响？

影响非常小				影响非常大
○	○	○	○	○

（9）"让景于客"倡议让您感觉很有爱、很暖心。

非常不认同				非常认同
○	○	○	○	○

（10）"让景于客"倡议增强了您对旅游地居民的好感。

非常不认同				非常认同
○	○	○	○	○

（11）"让景于客"倡议增强了您对旅游地（景区）的好感，拉近了心理距离。

非常不认同				非常认同
○	○	○	○	○

（12）相比其他地区，开展"让景于客"倡议的旅游地（景区）让您更有游览意愿。

非常不认同				非常认同
○	○	○	○	○

（13）您认为发布"让景于客"倡议可有效解决旅游地拥挤问题。

非常不认同				非常认同
○	○	○	○	○

（14）您认为发布"让景于客"倡议后应对本地居民进行适度补偿。

非常不认同				非常认同
○	○	○	○	○

（15）您认为"让景于客"倡议有必要全国普及。

非常不认同				非常认同
○	○	○	○	○

（16）您认为"让景于客"倡议有必要在旅游旺季全面普及。

非常不认同				非常认同
○	○	○	○	○

==

"文明旅游"倡议，是国家文旅部、地方旅游职能部门、景区等面向游客所发布的倡议，意在引导游客规范旅游行为、文明出游。

（17）您是通过哪种方式知道"文明旅游"倡议的？
○ 报纸、宣传手册　　○ 电视　　　　○ 景区大屏
○ 短视频　　　　　　○ 微博　　　　○ 其他_____

（18）您认为哪些行为属于旅游中的不文明行为（多选）？
○ 乱扔垃圾　　　　　　　　○ 插队、大声说话

○ 景区涂鸦、刻画　　　　　　○ 不尊重地方文化

（19）您在旅途中是否存在不文明旅游行为（匿名调查，请您客观回答）？

　　○ 无　　　　　　○ 有，但不多　　　　　　○ 经常有

（20）您对面向游客开展的"文明旅游"倡议的态度是什么？

非常不支持　　　　　　　　　　　　　　　　　非常支持
○　　　　○　　　　○　　　　○　　　　○

（21）依据您的旅游经验判断，您认为当前"文明旅游"倡议的实际效用如何？

非常不好　　　　　　　　　　　　　　　　　非常好
○　　　　○　　　　○　　　　○　　　　○

（22）您对旅途中遇到的不文明旅游行为的态度是什么？

非常不支持　　　　　　　　　　　　　　　　　非常支持
○　　　　○　　　　○　　　　○　　　　○

（23）您认为"文明旅游"倡议限制了您的部分权益或行为。

非常不认同　　　　　　　　　　　　　　　　　非常认同
○　　　　○　　　　○　　　　○　　　　○

（24）您认为"文明旅游"倡议塑造了您的文明旅游行为。

非常不认同　　　　　　　　　　　　　　　　　非常认同
○　　　　○　　　　○　　　　○　　　　○

（25）您支持、遵从"文明旅游"倡议，是为了给他人塑造一个良好形象。

非常不认同　　　　　　　　　　　　　　　　　非常认同
○　　　　○　　　　○　　　　○　　　　○

（26）您支持、遵从"文明旅游"倡议，是您自身文化素养的外在体现。

非常不认同				非常认同
○	○	○	○	○

（27）您支持、遵从"文明旅游"倡议，是为了提升您自身的旅游体验质量。

非常不认同				非常认同
○	○	○	○	○

（28）您支持、遵从"文明旅游"倡议，是为了给他人或后代营造一个良好旅游体验场景。

非常不认同				非常认同
○	○	○	○	○

（29）您支持、遵从"文明旅游"倡议，是因为您领教了他者"不文明旅游"行为的影响。

非常不认同				非常认同
○	○	○	○	○

（30）您支持、遵从"文明旅游"倡议，是因为"不文明游客黑名单"的威慑作用。

非常不认同				非常认同
○	○	○	○	○

（31）您认为制约"文明旅游"倡议效用的因素是什么？
○ 倡议内容过于繁复　　　○ 倡议内容与游客需求相悖
○ 倡议传播媒介选择不当　○ 游客文化素养有待提升
○ 监管不力或惩戒力度小　○ 其他_____

==

"诚信经营"倡议，是旅游地（景区）面向景区经营者、从业人员等发布的倡议，意在规范旅游经营行为、营造良好营商环境。

（32）您是通过哪种方式知道旅游地（景区）"诚信经营"倡议的？
○ 报纸、宣传手册　　　○ 电视　　　○ 景区大屏

○ 短视频　　　　　　○ 微博　　　　　　○ 其他＿＿＿＿

（33）您对旅游地（景区）开展"诚信经营"倡议的态度是什么？

非常不支持				非常支持
○	○	○	○	○

（34）您在旅游中是否遇到过不诚信经营问题？

经常遇到				完全没遇到
○	○	○	○	○

（35）您认为国内旅游地（景区）经营不诚信问题很突出。

非常不认同				非常认同
○	○	○	○	○

（36）您认为"诚信经营"倡议能否改变不诚信经营问题？

完成没作用				非常有作用
○	○	○	○	○

（37）您认为提出"诚信经营"倡议的旅游地（景区）是经营诚信问题很突出的地区吗？

非常不认同				非常认同
○	○	○	○	○

（38）旅游地（景区）开展诚信经营倡议，增强了您对旅游地的好感。

非常不认同				非常认同
○	○	○	○	○

（39）旅游地（景区）开展诚信经营倡议，增强了您前往该地的旅游意愿。

非常不认同				非常认同
○	○	○	○	○

（40）旅游地（景区）不诚信经营对您最大的影响是什么？
○ 经济受损　　○ 旅游综合体验降低　　○ 旅游地形象认可度下降

○ 对经营者信任度下降　　○ 其他_____

（41）您认为国内旅游地（景区）不诚信经营问题的根源在于（多选）：

○ 经营者（从业者）贪心　　○ 经营者（从业者）目光短浅

○ 主客信息不对称　　○ 监管不力或惩戒力度小

○ 其他_____

===

（42）您的性别：

○ 男　　　　　　　　　　○ 女

（43）您的婚姻状态：

○ 单身　　　　○ 已婚　　　　○ 离异或丧偶

（44）您的年龄段：

○ 18 岁以下　　○ 18~25 岁　　○ 26~30 岁　　○ 31~40 岁

○ 41~50 岁　　○ 51~60 岁　　○ 60 岁以上

（45）您的受教育程度：

○ 初中及以下　　○ 高中/中专　　○ 大学专科

○ 大学本科　　○ 硕士及以上

（46）您目前从事的职业是：

○ 全日制学生　　○ 生产人员　　○ 销售人员

○ 市场公关人员　　○ 客服人员　　○ 行政后勤人员

○ 人力资源　　○ 财务审计人员　　○ 文职办事人员

○ 技术研发人员　　○ 管理人员　　○ 教师

○ 顾问咨询　　○ 专业人士　　○ 其他_____

（47）您的平均月收入：

○ 3000 元以下　　○ 3001~5000 元　　○ 5001~8000 元

○ 8001~15000 元　　○ 15001~30000 元　　○ 30000 元以上

问卷填写完毕，再次感谢您的参与！

附录6　旅游从业者诚信经营倡议调查问卷

旅游行业诚信经营倡议调查

本次调查主要针对旅游从业者，泛指与旅游要素（吃住行游购娱）相关行业的从业者，如景区、酒店、餐饮、娱乐场所、交通运输等。

本问卷为匿名调查，请放心作答！非常感谢您的参与！

（1）您是从哪个渠道知道"诚信经营"倡议的？

○ 报纸、宣传手册　　○ 电视　　　　　○ 景区宣传

○ 短视频　　　　　　○ 微博　　　　　○ 其他_____

（2）您认为"诚信经营"是指（多选）：

○ 质量保障　　○ 价格公道　　○ 低利润　　○ 讲信用

（3）您对"诚信经营"倡议的态度是：

非常不支持　　　　　　　　　　　　　　　　　非常支持

　○　　　　○　　　　○　　　　○　　　　○

（4）您认为"诚信经营"可以提高您的个人经济收益。

非常不认同　　　　　　　　　　　　　　　　　非常认同

　○　　　　○　　　　○　　　　○　　　　○

（5）您认为"诚信经营"可以提高您所在企业的经济收益。

非常不认同　　　　　　　　　　　　　　　　　非常认同

　○　　　　○　　　　○　　　　○　　　　○

（6）从长远来看，您认为"诚信经营"可以提高您的个人经济收益。

非常不认同				非常认同
○	○	○	○	○

（7）从长远来看，您认为"诚信经营"可以提高您所在企业的经济收益。

非常不认同				非常认同
○	○	○	○	○

（8）您认为收入低是从业者不能诚信经营的原因。

非常不认同				非常认同
○	○	○	○	○

（9）您认为处罚力度小是从业者不能诚信经营的原因。

非常不认同				非常认同
○	○	○	○	○

（10）您认为经营欺诈很难被监管是从业者不能诚信经营的原因。

非常不认同				非常认同
○	○	○	○	○

（11）您认为游客的重游率低是从业者不能诚信经营的原因。

非常不认同				非常认同
○	○	○	○	○

（12）您认为游客的外地人属性是从业者不能诚信经营的原因。

非常不认同				非常认同
○	○	○	○	○

（13）您认为主客之间的信息不对称是从业者不能诚信经营的原因。

非常不认同				非常认同
○	○	○	○	○

(14) 您认为游客的极致"性价比"追求是从业者不能诚信经营的原因。

非常不认同　　　　　　　　　　　　　　　　　　　　非常认同
○　　　　　○　　　　　○　　　　　○　　　　　○

(15) 您认为不良行业风气是从业者不能诚信经营的原因。

非常不认同　　　　　　　　　　　　　　　　　　　　非常认同
○　　　　　○　　　　　○　　　　　○　　　　　○

(16) 您认为欺诈收益的"示范"效应是从业者不能诚信经营的原因。

非常不认同　　　　　　　　　　　　　　　　　　　　非常认同
○　　　　　○　　　　　○　　　　　○　　　　　○

(17) 您认为经营的逐利性是从业者不能诚信经营的原因。

非常不认同　　　　　　　　　　　　　　　　　　　　非常认同
○　　　　　○　　　　　○　　　　　○　　　　　○

(18) 您认为欺诈行为被惩处对诚信经营有促进作用。

非常不认同　　　　　　　　　　　　　　　　　　　　非常认同
○　　　　　○　　　　　○　　　　　○　　　　　○

(19) 您认为经营欺诈对旅游地（景区）的负面影响，可促进从业者诚信经营。

非常不认同　　　　　　　　　　　　　　　　　　　　非常认同
○　　　　　○　　　　　○　　　　　○　　　　　○

(20) 您认为网络、行业通报经营欺诈，可促进从业者诚信经营。

非常不认同　　　　　　　　　　　　　　　　　　　　非常认同
○　　　　　○　　　　　○　　　　　○　　　　　○

(21) 您认为"诚信经营"倡议的实施效果如何？

非常不好　　　　　　　　　　　　　　　　　　　　非常好
○　　　　　○　　　　　○　　　　　○　　　　　○

（22）您认为"诚信经营"倡议改变了您的经营理念。

非常不认同				非常认同
○	○	○	○	○

（23）您认为"诚信经营"倡议可有效改变行业风气。

非常不认同				非常认同
○	○	○	○	○

（24）您认为"诚信经营"可有效提升旅游地（景区）的形象与吸引力。

非常不认同				非常认同
○	○	○	○	○

（25）您认为"诚信经营"可有效提升游客的综合体验质量。

非常不认同				非常认同
○	○	○	○	○

（26）您的性别：

○ 男　　　　　　　　○ 女

（27）您的年龄段：

○ 18 岁以下　　○ 18~25 岁　　○ 26~30 岁　　○ 31~40 岁

○ 41~50 岁　　○ 51~60 岁　　○ 60 岁以上

（28）您的学历：

○ 初中及以下　　　　○ 高中/中专　　　　○ 大学专科

○ 大学本科　　　　　○ 硕士及以上

（29）您的岗位：

○ 管理者　　　　　　○ 经营户　　　　　　○ 一线员工

（30）您的平均月收入：

○ 3000 元以下　　○ 3001~5000 元　　○ 5001~8000 元

○ 8001~15000 元　　○ 15001~30000 元　　○ 30000 元以上

问卷填写完毕，再次感谢您的参与！